MANUAL DE ANGEOLOGIA

Quem são os anjos de Deus?

ABRAHAM KUYPER

MANUAL DE ANGEOLOGIA

Quem são os anjos de Deus?

TUDO EM LIVROS. LIVROS PARA TODOS.

© 2023 Livrarias Família Cristã LTDA.
Toda esta publicação foi desenvolvida pela Editora Penkal
Edição Exclusiva Livrarias Família Cristã

Autor: Abraham Kuyper
Organização: Kennedy Carvalho
Direção: Rebeca Louzada Macedo
Tradução: Thomas Miguel Grecco
Coordenação de revisão: Thália Mafra Diogo dos Santos
Revisão: Raphaela da Silva e Souza & Lucas Lavisio
Revisão teológica: Carmem Valerio
Projeto gráfico e diagramação: Dayane Germani
Capa: Dayane Germani

Todas as referências bíblicas deste livro estão presentes na versão Almeida Revisada Fiel

---

Dados Internacionais de Catalogação na Publicação (CIP)
Câmara Brasileira do Livro, SP, Brasil

Kuyper, Abraham, 1837-1920

Quem são os anjos de Deus / Abraham Kuyper ; [tradução Thomas Miguel Grecco]. -- 1. ed. -- Londrina, PR : Livrarias Família Cristã, 2023.

ISBN 978-65-5996-820-6

1. Anjos 2. Anjos - Cristianismo 3. Anjos - Doutrina bíblica 4. Anjos - Ensinamentos I. Título.

ÍNDICES PARA CATÁLOGO SISTEMÁTICO:

1. Anjos : Teologia cristã 235.3

Aline Graziele Benitez - Bibliotecária - CRB-1/3129

23-157457   CDD-235.3

Todos os direitos reservados. Nenhuma parte desta publicação pode ser reproduzida, arquivada em sistema de busca ou transmitida por qualquer meio, seja ele eletrônico, fotocópia, gravação ou outros, sem prévia autorização do detentor dos direitos, e não pode circular encadernada ou encapada de maneira distinta daquela em que foi publicada, ou sem que as mesmas condições sejam impostas aos compradores subsequentes.

Sumário

A existência dos anjos 7

Anjos em sua obscuridade 19

Sem a adoração dos anjos 35

Tributo na aparição dos anjos 50

A aparição dos anjos relacionada à revelação específica 67

Sem relações pessoais com os anjos 81

A natureza dos anjos 96

A existência dos anjos

"Porque os saduceus dizem que não há ressurreição, nem anjo, nem espírito; mas os fariseus reconhecem uma e outra coisa"

Atos 23.8[1]

Dr. G. E. Stahl (1660-1734), médico do rei da Prússia, também foi conhecido como um cientista habilidoso e um profundo pensador. Próximo do início do século XVIII, ele propôs uma teoria de doença e cura, a qual depois se tornou conhecida como animismo. Isso ocorreu em uma obra de três volumes que apareceu em 1707 com o título: *Theoria Medica Vera*. O livro ainda está disponível atualmente.

O relacionamento da teoria de Stahl com a existência e a natureza dos anjos se torna evidente no que ele ensina. Seu conceito era de que se deve considerar a doença como o resultado de uma perturbação no relacionamento adequado entre a nossa alma e o nosso corpo. Stahl entendia a alma como o centro da vida da

---

[1] Nas citações de versículos bíblicos ao longo do texto, optou-se por utilizar a Bíblia ACF como padrão. Contudo, o leitor notará que outras versões também foram empregadas para melhor adequação a determinados contextos. Nesses casos, indicou-se entre parênteses a versão utilizada. [N.R.]

estrutura e, dessa forma, que o corpo deveria servi-la. E, se este se recusasse a fazê-lo, ela o forçaria a carregar seu dever por meio de várias doenças. Portanto, a teoria de Stahl era que o médico não precisava fazer nada a não ser dar assistência na ação da alma em remover a perturbação e, assim, trazer a cura para o paciente. Mesmo que seu animismo tivesse poucos seguidores no século XX, ele, de alguma forma, apontou para a busca atual da psicologia no campo da medicina.

É importante saber que, no século XX, a mesma designação de animismo dada para a proposta de Stahl foi atribuída a um sistema similar, mas em uma área de pesquisa totalmente diferente. Então, o que é compreendido como animismo é, na maioria das vezes, uma aparição no domínio da adoração de ídolos em que as pessoas descrevem todos os tipos de eventos na natureza e todas as experiências em suas vidas as quais não conseguem explicar a partir de causas conhecidas, como a influência de diversos espíritos misteriosos, sejam bons ou ruins.

Isso não era meramente verdade nos primeiros séculos, mas continua entre as nações pagãs hoje em dia. Assim, no sul da China, por exemplo, o sumo sacerdote do deus Llama fica diariamente ocupado conforme busca capturar esses espíritos malignos em garrafas ou jarros, os quais devem ser completamente selados para que os tormentos não escapem.

É evidente que o tão chamado animismo espiritual possui isso em comum com o animismo medicinal de Stahl, já que em ambos a explicação para um acontecimento *físico* é procurada em uma causa *espiritual*, mais especificamente na influência de um ser invisível em uma substância material.

Com Stahl, aquele ser invisível era a *alma* interagindo com o corpo e com o animismo das pessoas. Esses seres espirituais eram demônios ou guardiões que agiam nas vidas e fortunas daqueles que eram ameaçados e perseguidos, ou também protegidos e abençoados por estes. É um tanto claro como ambas as percepções remontam à doutrina dos anjos. Afinal, com estes nós também entramos em contato com um mundo de seres invisíveis que, de acordo com a Palavra de Deus, influenciam a vida das pessoas para o bem ou para o mal. Os anjos que continuaram em seu estado original trabalham em nós para o bem, enquanto aqueles que deixaram o serviço de Deus e seguiram Satanás, tornando-se demônios, buscam nos desviar do caminho.

É verdade que nem todas as pessoas acreditam na existência de tais criaturas espirituais ou em sua habilidade de influenciar nossa vida humana. O que lemos em Atos 23.8 acerca das convicções daquela época aplica uma regra para todas as eras e também para agora. Naquele período era assim: *"Porque os saduceus dizem que não há ressurreição, nem anjo, nem espírito; mas os fariseus reconhecem uma e outra coisa".* Da mesma forma, nos momentos atuais, podemos dizer que pessoas cujas vidas se voltam primariamente a coisas materiais tendem a não acreditar na ressurreição do corpo e a não acreditar em anjos. Também é verdade que a existência de anjos é um caso de fé semelhante para aqueles que acreditam com firmeza na ressurreição.

Entre a ressurreição e a existência de anjos, de fato, há uma conexão: para aqueles que adoram coisas materiais, nada existe exceto sua vida física, e esta termina quando sua existência mortal se encerra. Assim, para eles, é absurdo acreditar em criaturas *sem* um corpo físico, sejam elas pessoas falecidas ou anjos.

De outro modo, contida na própria natureza da fé está a convicção de que um ser humano é algo além da mera pessoa física que observamos e de que a natureza espiritual do homem continua vivendo separada de seu corpo físico após a morte deste. Assim, a existência de um ser espiritual *sem* o corpo é inteiramente concebível. Disso também se segue que não há nada estranho em acreditar na existência de anjos, que são verdadeiramente não físicos, seres puramente espirituais.

No conflito entre esses dois sistemas de crença contraditórios, o grupo que acredita, se nos podemos expressar dessa forma, foi empurrado para trás notavelmente e perdeu campo dia após dia, especialmente durante a última parte do século XIX. Naquela época, a vida para fiéis poeticamente inclinados foi extremamente maçante, sem inspiração e desbotada. Quando esse clima espiritual apático e desanimado também penetrou na mente dos teólogos daquele período, não foi surpreendente que a crença em anjos tenha retrocedido cada vez mais.

Os oponentes muitas vezes começavam o ataque ao questionar a existência de demônios e de Satanás e partiam para o ataque aos anjos bons quando haviam ridicularizado o ensinamento de espíritos malignos num nível em que o povo no geral não acreditava mais que existiam. Esses adversários não ficavam satisfeitos até terem convencido o público de que os Céus acima eram totalmente despovoados e de que não havia nada ali a não ser um espaço vazio.

O que os teólogos haviam começado nessa forma foi então completado pelos médicos. E assim tudo teve de ser explicado pelas leis da vida natural. A explicação de todo o fenômeno teve de ser buscada em causas físicas, e assim o materialismo foi enraizado na cultura.

Agora, todo esse conceito de espíritos dos anjos foi bom por um tempo, quando o funcionamento das forças da natureza ainda não era conhecido e, por isso, concedido a alguma causa misteriosa. A partir disso, esse conceito chegou até mesmo à perspectiva de bruxas e bruxaria em toda a sua ofensa maldosa. Porém, agora que a ciência natural fez tamanho progresso e quase tudo é explicado por causas naturais, acreditar em anjos e espíritos levou seu golpe final.

Embora nem tudo fosse conhecido e nem todo fenômeno pudesse ser explicado, não houve dúvida de que, muito em breve, tudo que ainda mantinha algum mistério seria habilmente explicado por causas identificadas, uma vez que a ciência consistentemente deu grandes passos adiante. Com isso, acreditar em espíritos seria rejeitado como absurdo e completamente antiquado e seria considerado um obscurantismo medieval já abandonado para sempre por seu século iluminado.

Isso produziu uma dificuldade considerável para os teólogos. Mesmo que a fé na infalibilidade das Sagradas Escrituras tivesse sido abandonada, no entanto, não poderia ser negado que a crença em anjos e espíritos é encontrada nas Escrituras, e nelas a rejeição desses seres é condenada. O fato é que, também na vida de Cristo e em Suas citações e parábolas, a referência aos anjos é encontrada repetidamente. Aliás, tais menções são encontradas *quarenta e duas* vezes nos Evangelhos, *vinte e uma* em *Atos*, *vinte e oito* nas cartas de Paulo, e, ademais, há alusões a eles em *todas as páginas* de *Apocalipse*.

Para esse fato, uma explicação precisava ser encontrada. A que eles tentaram conceder finalmente chegou à conclusão de que, antes de tudo, o animismo anteriormente descrito sem dúvida funcionava em Israel tão bem quanto em outros locais. Contudo, o conceito de anjos foi desenvolvido primeiro pelos persas, e, apenas após o cativeiro babilônio, os judeus de sua própria forma, aprendendo com outros povos, desenvolveram uma certa noção de anjos. E assim foi compreendido que esse conceito estrangeiro de anjos se desenvolveu em Israel nos séculos entre o exílio e João Batista, de modo que, desde então, se tornou uma crença popular.

Como resultado, os contemporâneos de Jesus viveram com essa ideia espiritualista de espíritos bons e maus que influenciam as vidas humanas. Apenas os saduceus, como um povo de categoria mais desenvolvida e sofisticada, não se uniram a essa superstição. Por outro lado, na região de Nazaré e Cafarnaum, onde Jesus e Seus discípulos cresceram, essa crença popular era comum, e, assim, isso explica como e por que eles regularmente faziam referência a isso.

Quem quer que tivesse maior estima por Jesus e não conseguisse aceitar que Ele foi considerado um produto de Sua época, ensinou, então, que Ele pessoalmente sabia de forma diferente e melhor e *não* acreditava em anjos ou espíritos, apenas adaptando Seus ensinamentos de acordo com o ponto de vista comumente aceito sobre esse assunto.

Prosseguindo, nós ainda mencionamos que, em 1893, o conhecido estudioso francês James Darmesteter publicou um livro de três volumes em Paris, intitulado *Le Zent Avesta*. E, mesmo não sendo um fiel, ele chegou a convicção de que sua pesquisa demonstrava que os judeus haviam trazido seu entendimento de anjos de Israel até a Pérsia, e não o contrário.

Ainda mais memorável é o fato de que, particularmente no nosso século XX, agora, no domínio da ciência, a existência dos anjos e espíritos esteja sendo negada; fora do próprio misticismo da vida, no entanto, um movimento poderoso se desenvolveu, o qual busca trabalhar a existência dos espíritos invisíveis e seu impacto sobre nós com zelo e, às vezes, mantendo isso com tensão fervorosa.

Estamos nos referindo ao tão chamado espiritualismo. Já era notável que, quando pessoas cultas começaram a negar a existência de anjos e espíritos, surgiu um vidente chamado Emanuel Swedenborg, que, na base da experiência pessoal, discutia o importante impacto dos espíritos invisíveis em sua vida. Contudo, Swedenborg permaneceu um tanto sozinho, embora tenha juntado um pequeno círculo de seguidores bem preparados para concordar com sua apresentação de assuntos eternos.

Mas o que para Swedenborg era um fenômeno isolado, em nosso século se tornou um acontecimento de escopo geral. País após país, aqui depois ali, apareceram homens e especialmente mulheres que declararam entrar em contato com seres invisíveis, mas que se anunciavam como espíritos de um mundo invisível, pelo bater na madeira[2] ou por algum outro meio.

Inicialmente, suas declarações eram tratadas com um sorriso incrédulo, mas eles persistiam em suas afirmações. E não importava o quanto as pessoas tentassem, ninguém era capaz de desviá-los de sua convicção de que realmente estiveram em contato com o mundo espiritual. As manifestações desses espíritos não ocorriam meramente em esferas místicas, mas revelavam sua presença com batidas ou baques, pelo movimento ou até mesmo pelo remexer das mesas e, finalmente, também pelo deslocamento de um lápis e pela escrita com este objeto.

O resultado foi que um número grande de pessoas chegou a acreditar parcialmente nessas manifestações. Entre elas estavam fiéis cristãos, assim como aqueles que rejeitavam o Senhor. É claro, aqueles que eram confessores de Cristo não eram pessoas que viviam próximas à Palavra de Deus, mas eram, de certa forma, guiadas por seus sentimentos. No entanto, o caso foi que muitos fiéis e entre eles poucos pastores da cidade de Groninga, completamente e em boa-fé, acolheram esse espiritualismo, o qual, em seu ponto de vista, era uma defesa adequada em sua batalha contra o modernismo.

---

2 Com base nos folclores celta e alemão, acreditava-se que seres mágicos viviam nas árvores e, por isso, ao bater nelas, você estaria pedindo por sorte ou distração de um espírito maligno. Futuramente, bater em qualquer madeira virou sinônimo disso. [N.T]

Logo, o movimento apresentou duas direções. Havia aqueles que aceitavam essas indicações como prova bem-vinda da realidade de assuntos sobrenaturais, mas também existiam aqueles que buscavam sistematizar o próprio espiritualismo e construir sobre ele. Esses últimos prosseguiram em um modo muito distinto, então o resultado foi que tornaram o espiritualismo um tipo de fé separada e quase uma seita.

Em nosso país, esse grupo de espiritualistas é muito pequeno, mesmo que possuam um orador talentoso no pastor aposentado Roorda van Eysinga, cujos pensamentos são profundos e o estilo quase o conduz automaticamente. Porém, em outros países, especialmente na América, o número desses espiritualistas já é impressionantemente grande e sua atividade no campo literário é constrangedora. Toda uma série de revistas é publicada em vários idiomas, e seu número não é mais estimado nas dezenas de milhares, mas nos milhões. O mais incrível é que esse espiritualismo não é encontrado entre as pessoas de classe mais baixa, mas especialmente entre os ricos e civilizados, que não estão satisfeitos com o materialismo desta era.

Se perguntado o que o espiritualismo tem em comum com a doutrina dos anjos, a resposta é clara. Como já era evidente com os saduceus, a negação da ressurreição e a negação dos anjos seguem lado a lado, e a questão de se a alma continua após a alma e a de se existem anjos são basicamente uma só. É claro, não é como se anjos fossem pessoas falecidas, de modo algum. Anjos são criaturas independentes.

Porém, acreditar em anjos depende inteiramente de perguntar a alguém se ele aceita ou rejeita a existência de seres imateriais e invisíveis. Quando isso é aceito, uma pessoa pode, então, acreditar na contínua existência da alma após a morte, da mesma forma que em anjos. Por outro lado, quando isso é rejeitado, acreditar em anjos também se torna inaceitável assim como a ressurreição do corpo. Mesmo que o espiritualismo não esteja diretamente envolvido na doutrina dos anjos, mas exclusivamente focado nos espíritos dos falecidos, o caminho foi aberto para a consideração da existência dos anjos como uma possibilidade.

É necessário apontar para esse sintoma nessa conexão, pois ele demonstra quão indestrutível e inegavelmente existe a necessidade em nossa natureza humana de reconhecer a existência de um mundo espiritual. Afinal, por qual diferença isso realmente fez os cientistas, teólogos e médicos fazerem seu melhor para alienar do mundo dos anjos a humanidade atual, visto que aquele é revelado na Palavra de Deus?

Pelas suas costas, por assim dizer, e fora do misticismo da vida, uma crença similar no mundo espiritual logo emergiu, mas agora de forma muito mais agressiva. O ato de acreditar em anjos continuava a trabalhar silenciosa e inspiradoramente na igreja do Senhor. Não incomodava ninguém e não atrapalhava indivíduo algum. E, agora que as pessoas se exauriram para anular essa edificante fé em anjos, receberam em seu lugar o movimento do espiritualismo barulhento e que avançava constantemente.

Assim, o fato é que, desde o desenvolvimento do espiritualismo, os teólogos que não se tornaram muito liberais mais uma vez se voltaram à crença antiga na existência de anjos e se perguntavam se não estariam fazendo melhor em restaurar essa fé anciã do que encorajando o espiritualismo. O Dr. L. Bohmer, na primeira edição da *Herzog's Encyclopediae* [A Enciclopédia de Herzog], ainda escreveu como se a ideia de anjos não fosse nada mais do que a impressão passageira de nossa consciência de Deus. Porém, na segunda edição, em 1897, Robert Kubel escreve com considerável entusiasmo a favor da velha confissão.

Afinal, não há outra escolha. Você deve honrar a existência dos anjos como Deus revelou isso em Sua Palavra, pois, se não o fizer, irá deslizar no animismo dos pagãos; talvez não caia diretamente, mas através de passos ou estágios. E o primeiro estágio é buscar companheirismo nos mortos ou comunhão com eles.

Anjos em sua obscuridade

"Ninguém vos domine a seu bel-prazer com pretexto de humildade e culto dos anjos, envolvendo-se em coisas que não viu; estando debalde inchado na sua carnal compreensão"

Colossenses 2.18

Não é possível negar que, entre os fiéis reformados e, provavelmente, entre todos os protestantes, os anjos não recebem a atenção que lhes é dada na Bíblia. É verdade que, entre os calvinistas, você não encontrará ninguém que, como os saduceus da antiguidade e os liberais de hoje em dia, irá negar a existência dos anjos, ou até mesmo negar o que as Escrituras revelam acerca deles. Porém, ainda não se pode dizer com certeza que os anjos ocupam um certo local na vida e na reflexão religiosa de todos.

É claro, todos escutam com reverência e êxtase os anjos cantando nos campos de Efrata.[3] Eles estão cientes de que anjos ministraram para o nosso Salvador após sua tentação no deserto e no jardim de Getsêmani. E, na Páscoa, somos lembrados de como os anjos vieram e removeram a pedra da tumba, enquanto que,

---

3 Alusão a Gênesis 35.16, 48.7 e Miqueias 5.2. [N.R.]

com a ascensão de Cristo, nós os ouvimos falando com os apóstolos. Também é um fato que, no livro de Apocalipse, o futuro do Senhor não é concebido senão na companhia de anjos.

Contudo, uma pessoa consegue aceitar tudo isso e confessar também, sem ter respondido por si mesma a questão de que lugar os anjos possuem na criação de Deus, que local eles ocupam na maravilhosa obra da Graça e como estes se relacionam conosco pessoalmente e para nossa própria salvação. E, especialmente sobre esse último item, deve ser admitido com tristeza que, para uma pessoa e para a vida de sua alma, muita empatia com os anjos de Deus foi perdida.

O Catecismo de Heidelberg, no Dia do Senhor de número 49, proposital e conscientemente apresenta o assunto desta forma: "*Seja feita a tua vontade*"[4] significa: *garanta também que todos possam carregar os deveres de seus ofícios e chamados tão disposta e lealmente como os anjos no Céu*. No entanto, essa resposta é tão vaga em muitas mentes que ousamos dizer que, de cem pessoas que oram ao Senhor, há provavelmente noventa orando essa terceira petição que, por um momento, pensaram no serviço dos anjos.

Portanto, não é exagero quando as pessoas reclamam que os calvinistas se tornaram alienados do assunto dos anjos. De fato, é raro escutar as pessoas

---
4 Alusão a uma parte da oração do Pai Nosso em Mateus 6.10. [N.R.]

falando sobre esses seres. Em nossas escrituras, também não aparecem com frequência. No catecismo, uma aplicação para a vida pessoal é dificilmente feita. E anjos raramente chegam à tona nos sermões dos pastores, não importa a qual igreja eles pertençam.

Uma certa fantasia sobre anjos ainda existe, especialmente com mulheres; mas esse tipo de interesse neles não tem basicamente nada relacionado com a Bíblia. Esse apelo aos anjos é mais um resultado artístico. Artistas produziram diversas formas louváveis e graciosas de anjos muito atraentes. E a arte das letras produziu canções que retratam anjos artificiais, os quais são muito diferentes dos da Bíblia. Particularmente a gravura ou o entalhe extremamente atraente para essas pessoas emotivas de uma criança desfalecendo que é levada do berço por um anjo.

O resultado foi que, inteiramente fora de suas confissões e da Bíblia, as pessoas começaram a ver um tipo de criatura poética nesses anjos artificiais, e eles povoaram o mundo de sua imaginação com essas figuras aladas. A partir dessa arte, eles prosseguiram em trazer esses "agradáveis" anjos às suas vidas cotidianas. É difícil existir alguma jovem mãe que vez ou outra não chama seu pequenino de "anjo". E, entre os jovens que se comprometem no momento devido, nada é tão comum quando eles trocam cartas como se referir um ao outro como "meu anjo".

A partir disso, poderia convincentemente parecer que as pessoas não lidavam mais com a real existência de anjos, mas na palavra *anjo* enxergavam meramente o nome poético de uma criatura atraente e cativante. Além disso, elas aplicam e usam esse nome, seja para o amor de seu coração ou como uma jovem mãe, quando veem seu ideal realizado ao nível que é possível na Terra. Esse mal apenas será anulado quando nós não imaginarmos mais anjos como figuras poéticas do mundo artístico, mas como criaturas das Sagradas Escrituras.

Se alguém perguntar o que causa o sério declínio do envolvimento espiritual com os anjos da Bíblia entre nós protestantes, e assim também com os calvinistas, então não há dúvida de que isso se deve especialmente ao nosso contraste com a prática católica romana e parcialmente também com a doutrina da igreja deles. Na época da Reforma, a triste experiência espiritual se tornou clara, de forma que várias práticas se intrometeram entre o anseio da alma pela salvação e Cristo.

A comunhão pessoal e direta entre Cristo e a alma de alguém diminuiu de alguma forma. É claro, havia algumas exceções, e, assim, alguns com uma saúde interior mais forte e também certas ordens continuaram em comunicação pessoal e em comunhão com Cristo. Contudo, para a maioria dos fiéis, tal comunhão direta com Ele se tornou quase um deleite desconhecido da alma.

Era preciso contar com o padre, com o bispo, com o papa de Roma, com Maria, com santos e com anjos, e uma pessoa apenas poderia ter uma certa comunhão com o Salvador quando tivesse passado por todos esses estágios. No entanto, como resultado desses intermediários, essa comunhão perdia sua vitalidade e intimidade. Tudo isso tendia a externalizar a religião e a tornar a mente perturbada de alguém que não era supersticiosa incapaz de encontrar a paz com Deus.

E muitos que, entretanto, ansiavam por essa paz, seguiram Lutero e tentaram o valente esforço de superar todos esses obstáculos e chegar diretamente a Cristo, encontrando, assim, uma paz que nem as provisões eclesiásticas nem o Céu lhes poderia dar. Nessa busca, eles prosseguiram em acabar e anular a dependência da consciência no clero, rejeitaram a veneração e adoração de Maria, descontinuaram o serviço dos santos e também colocaram a adoração e o louvor dos anjos para fora da igreja.

Aquela escravidão da consciência ao clero, aquela adoração de Maria, o serviço aos santos e o louvor aos anjos foram inseridos entre as almas e o Salvador, e foi por suas almas ansiarem pela comunhão irrestrita com seu Redentor que eles descontinuaram tudo isso certos do resultado e sem hesitar.

É a partir desse ponto de vista, portanto, que a posição das igrejas reformadas acerca da invocação de anjos precisa ser considerada e avaliada. Isso também pode ser aduzido da Confissão Belga: *"Por que devemos procurar por outro advogado? Foi da vontade de Deus conceder Seu Filho como nosso Advogado. Então não vamos trocá-Lo por outro nem mesmo procurar por um substituto que nunca encontraremos"* (Artigo 26). É verdade que nesse artigo apenas a intercessão dos santos é contraposta, mas esses nessa conexão não eram diferentes de anjos, e o que se aplica a eles também se aplica igualmente aos seres alados.

Se você ler esse belo Artigo 26 atenciosamente, não encontrará ali a menor tentativa de expressar algum tipo de malícia contra a Igreja de Roma. Contudo, nessa confissão do *único Mediador e Advogado Jesus Cristo, o justo*, não há nada senão o abençoado triunfo do coração do eleito de Deus. Nisso, finalmente todos os intermediários são retirados e a completa comunhão das almas com o Salvador é restaurada.

Nós lemos no Artigo 26: "Não há criatura no Céu ou na Terra que nos ama com mais intensidade do que Jesus Cristo. '*Que, sendo em forma de Deus, não teve por usurpação ser igual a Deus, mas esvaziou-se a si mesmo, tomando a forma de servo, fazendo-se semelhante aos homens*' (Filipenses 2.6-7), e '*que em tudo fosse semelhante aos irmãos*' (Hebreus 2.17). Se, portanto, tivéssemos que procurar por outro intercessor, conseguiríamos encontrar algum que nos ama com mais ímpeto do que Ele, que concedeu Sua vida por nós, mesmo enquanto éramos Seus inimigos (Romanos 5.8-10)? E, se tivéssemos que procurar por alguém que possui autoridade e poder, que tem mais do que Ele, *o qual está à destra de Deus* (1 Pedro 3.22a) *e o qual é dado todo o poder no céu e na terra* (Mateus 28.18b)? Além disso, quem irá ser escutado mais prontamente do que o próprio e amado Filho de Deus?

"Portanto, foi a pura falta de confiança que introduziu o costume de desonrar os santos mais do que honrá-los, fazendo o que eles mesmos nem pediram. Pelo contrário, constantemente rejeitavam tais honras de acordo com seu dever, como aparece em suas escrituras. Aqui não se deveria alegar *nossa* indignidade, pois não é uma questão de oferecer nossas orações na base de nossa própria dignidade, mas apenas com base na excelência e no valor de Jesus Cristo, cuja justiça é *nossa* pela fé.

"Portanto, para tirar de nós esse medo tolo, ou melhor, essa desconfiança, o autor de Hebreus, com um bom motivo, diz a nós que Jesus Cristo '*em tudo fosse semelhante aos irmãos, para ser misericordioso e fiel sumo sacerdote naquilo que é de Deus, para expiar os pecados do povo. Porque naquilo que ele mesmo, sendo tentado, padeceu, pode socorrer aos que são tentados*' (Hebreus 2.17-18).

"Adiante, para nos encorajar mais a segui-Lo, é dito: '*Visto que temos um grande sumo sacerdote, Jesus, Filho de Deus, que penetrou nos céus, retenhamos firmemente a nossa confissão. Porque não temos um sumo sacerdote que não possa compadecer-se das nossas fraquezas; porém, um que, como nós, em tudo foi tentado, mas sem pecado. Cheguemos, pois, com confiança ao trono da graça, para que possamos alcançar misericórdia e achar graça, a fim de sermos ajudados em tempo oportuno*' (Hebreus 4.14-16).

"A mesma carta diz: '*Tendo, pois, irmãos, ousadia para entrar no santuário, pelo sangue de Jesus, cheguemo-nos com verdadeiro coração, em inteira certeza de fé*' (Hebreus 10.19, 22a). Também, '*mas este, porque permanece eternamente, tem um sacerdócio perpétuo. Portanto, pode também salvar perfeitamente os que por ele se chegam a Deus, vivendo sempre para interceder por eles*' (Hebreus 7.24-25).

"O que mais é necessário? O próprio Cristo diz: '*Eu sou o caminho, e a verdade e a vida; ninguém vem ao Pai, senão por mim*' (João 14.6). Por que deveríamos procurar por outro advogado? Foi a vontade de Deus conceder Seu Filho como nosso Advogado. Então não vamos abandoná-Lo por outro, tampouco buscar por um substituto que não encontraremos, pois, quando Deus O concedeu para nós, Ele sabia muito bem que éramos pecadores.

"Concluindo, de acordo com o comando de Cristo, nós recorremos ao Pai celestial através de Jesus, nosso único Mediador, como somos ensinados na Oração do Senhor. Descansamos certos de que obteremos tudo que pedimos ao Pai em Seu nome (João 16.23)."

Nada deve ser dispensado ou invalidado dessa confissão comovente, uma vez que ela cede evidências convincentes de como nossa Confissão desconsidera a invocação e advocacia dos anjos, certamente não por um desgosto ou descrença neles, mas exclusiva e completamente pelo anseio ávido pelo Salvador. Embora, com isso, o serviço dos anjos seja negado, o Artigo 12, todavia, declara explicitamente: "Ele também criou os bons anjos para serem Seus mensageiros *e para servirem Seus eleitos*". O Catecismo de Heidelberg também usa os anjos como exemplos para nós carregarmos nossas tarefas na vida: *garanta também que todos possam carregar os deveres de seu ofício e seu chamado, tão disposta e lealmente quanto os anjos no Céu* (Dia do Senhor 49).

Porém, por mais certeiro que isso possa ser, não se pode negar que a poderosa determinação em condenar a Igreja Católica Romana por sua adoração aos anjos levou imperceptivelmente a focar demais no contraste. O resultado foi que a confissão positiva dos anjos e seu serviço deslizou longe demais nos panos de fundo.

É parte de nossa natureza humana pecaminosa achar difícil manter a perspectiva adequada em certas situações.

E, visto que a habilidade de manter o equilíbrio é dada apenas para algumas pessoas, o resultado é que a maioria de nós facilmente vai de um extremo ao outro. Portanto, dificilmente é surpreendente que a falha comum entre as pessoas seja ou superestimação, ou subestimação, ou exagero, ou eufemismo. Cientistas se referem a isso em latim como *per excessum* e *per defectum*.

A Igreja Católica Romana declinou na superestimação a respeito dos anjos; mas não pode ser negado que os calvinistas, em seu zelo a se opor a esse excesso e exagero, de seu lado não mantinham a perspectiva adequada. E, assim, em suas práticas religiosas, todos os calvinistas também caíram facilmente na subestimação e falha acerca da importância dos anjos.

É por esse motivo, como indicado acima, que certas visões sobre anjos derivam mais da poesia do que da Palavra de Deus. O fato é que algumas pessoas que se desviaram das Escrituras tendem a usar a palavra "anjo" mais frequentemente do que famílias que vivem em obediência à Bíblia. E assim é que o espiritualismo, quando emergiu de sua origem mística, encontrou seu solo mais fértil nos países protestantes.

Se você perguntasse qual Igreja Católica Romana ensinou acerca da adoração dos anjos, deve ser admitido que o Conselho de Trento se expressou de um modo limitado sobre o assunto. No Catecismo Católico Romano publicado pelo papa Pio V e aprovado pelo Conselho, declara-se na Parte 3, "O decálogo", que "a veneração e a invocação dos santos anjos e dos abençoados que desfrutam a Glória do Céu [...] não são proibidas por esse primeiro (diremos o segundo) mandamento".

Isso é então seguido com a questão: "Se um rei ordenasse que ninguém mais se devesse eleger como rei ou aceitar as honras prestadas à realeza, quem seria tão tolo de inferir que a soberania estava relutante com respeito à concessão adequada da honra e do respeito aos seus magistrados? E, embora os Cristãos sigam o exemplo estabelecido pelos santos da Antiga Aliança (em referência a Gênesis 23.7,12; 42.6; 1 Reis 24.9; 25.23; 2 Reis 9.6,8 e 1 Crônicas 29.20) e supostamente adorem os anjos, não lhes prestam, todavia, a honra que é concedida apenas a Deus".

Em adição, o Catecismo declara: "Acrescente a isso seu amor por nós, o qual, como facilmente vemos a partir das Escrituras, os incita a derramar suas orações por aqueles sobre os quais estão colocados, assim como por nós, cujos guardiões eles são e cujas orações e lágrimas eles apresentam diante do trono de Deus. Portanto, devemos invocar sua intercessão, pois eles sempre veem a face de Deus e são comandados por Ele como os advogados dispostos da nossa salvação".

Por último, é aqui referido, como o Catecismo prossegue, "uma adoração que rompe a honra de Deus, mas busca aumentar a honra d'Ele enquanto o serviço dos santos e anjos progressivamente se ergue e reforça as esperanças do povo, arrastando-os para seguir os santos".

Como se pode ver, tudo isso é expresso de um modo um tanto simples e básico. O que é declarado explicitamente é que a honra prestada aos anjos deve ser algo diferente da reverência concedida ao Deus eterno. O tributo e a honra dados aos anjos devem ser similares à estima e ao respeito que devemos àqueles colocados por Deus como autoridades sobre nós na Terra. O catecismo insiste que, em vez de a adoração dos anjos nos afastar da Glória de nosso Deus, na verdade, nada traz uma honra maior para o Todo-Poderoso do que a firme persistência nesse serviço aos anjos e santos.

Além disso, toda citação usada nessa consideração é amplamente explicada e suportada por exemplos das Escrituras, e todas são escritas de tal forma que fica clara a intenção de prevenir o abuso. E, no entanto, antes de ser escrita, da mesma forma como depois, o abuso persistiu. E mais, esse abuso certamente procedeu da doutrina ensinada.

Ao escrever para os Colossenses, o apóstolo Paulo, no capítulo 2, usa uma expressão adequada para usar aqui como ponto de partida acerca da adoração dos anjos. O apóstolo observa nessa carta que algumas pessoas estavam tentando unir as almas dos fiéis na igreja recém-estabelecida em Colosso, para limitar a liberdade dos Cristãos e colocar todos os tipos de coisas entre eles e o Salvador. Paulo acha isso profundamente perturbador.

Ele compreende e enxerga o que essa separação da Cabeça e dos membros pode trazer e como essa irá romper a unidade do corpo de Cristo. E agora, com isso em mente, ele incita os fiéis de Colosso a não deixar ninguém julgá-los a respeito do que comem ou bebem, ou acerca de um festival religioso, da celebração da Lua Nova ou do dia de sábado. Essas instruções eram válidas no passado, quando eles eram uma sombra das coisas que estavam por vir. Contudo, agora estão acabados, uma vez que o que quer que prenunciavam se tornou realidade em Cristo. Tendo dito isso, o apóstolo continua: *"Ninguém vos domine a seu bel-prazer com pretexto de humildade e culto dos anjos, envolvendo-se em coisas que não viu; estando debalde inchado na sua carnal compreensão, e não ligado à cabeça [...]"* (Colossenses 2.18-19a).

A partir disso, é evidente que a heresia já se esgueirava na congregação, uma vez que acreditavam que a adoração de Cristo não era o bastante e haviam instituído uma *"adoração de anjos"* particular. Isso significava que cerimônias especiais foram realizadas, pelas quais os anjos eram honrados. Essa adoração especificamente religiosa dos anjos, conforme o que procede, foi defendida pela referência à "falsa humildade" dos fiéis. Eles acreditavam ter que caminhar em "humildade" e, na base disso, compreendiam que precisavam adorar os anjos.

Na época da Reforma, quando algumas pessoas acreditavam ser indignas de chegar diretamente até Deus através de Cristo e ansiavam instituir a adoração religiosa dos anjos, isso foi fortemente condenado. A Confissão Belga declara no Artigo 21: *"Encontramos conforto em Seus ferimentos e não precisamos buscar ou inventar algum outro meio de reconciliação com Deus, 'porque com uma só oblação aperfeiçoou para sempre os que são santificados'* (Hebreus 10.14)". No entanto, eles acreditavam que, quem quer que apenas recorresse pessoalmente a Cristo como seu Salvador, não era humilde o bastante e pensava alto demais de si mesmo, acreditando que poderia fazer isso.

Porém, um fiel obediente e humilde não faria isso. Ele teria uma visão baixa demais de si mesmo para fazer tal coisa e não se consideraria intitulado para isso. Ele seria manso e buscaria permanecer discreto e, portanto, ele mesmo não iria até Cristo, mas continuaria na soleira da porta com os santos e anjos. Ele desejaria ter a intervenção deles para trazer sua oração ao Rei em Seu local formidável, e também desejaria a intervenção daqueles do palácio para trazerem a Graça e o favor do Salvador a ele. Assim, a "humildade e o serviço dos anjos" são vistos em unidade.

Entretanto, o conceito de "humildade" que esses falsos professores ansiavam transmitir para os fiéis era impróprio e herético. E, dado que essa falsa noção de "humildade" foi aceita, a adoração dos anjos seguiu automaticamente. A consequência disso foi, então, exatamente a mesma que foi tão dolorosamente experienciada no século da Reforma, ou seja, que, de tal modo "não ligado à cabeça" (Colossenses 2.19a), eles viram a comunhão com Cristo diminuir. O resultado foi que, através da adoração de santos e anjos, eles começaram a viver ainda mais distantes do Salvador.

E esses falsos professores, junto às resultantes práticas frustrantes e ao consequente empobrecimento espiritual, devem ser culpados pelo anseio de ver "as coisas invisíveis". Não sabemos nada sobre o mundo dos anjos, exceto o que Deus revelou em Sua Palavra. Todavia, esses enganadores não usaram o que o Espírito Santo mostrou nas Escrituras, mas apenas suas próprias experiências interiores. E, assim, desconsideraram a base objetiva e fundamental da fé, para usar como seu ponto de partida uma fantasia subjetiva. É isso que o apóstolo se refere como o resultado da "tradição dos homens, segundo os rudimentos do mundo" (Colossenses 2.8b), os quais militam contra a inspiração do Espírito Santo.

Não é a verdadeira humildade, mas a falsa, quando não é considerado permitido para um filho de Deus rendido pelo Senhor chegar diretamente ao Salvador. Todos os serviços dos anjos ou santos os quais são colocados entre a alma e o Salvador produzem perigo para nossa fé. E, portanto, o apóstolo aconselha os Colossenses a darem as costas às regulações desses falsos professores, "as quais têm, na verdade, alguma aparência de sabedoria, em devoção voluntária, humildade, *e em disciplina do corpo, mas não são de valor algum senão para a satisfação da carne*" (Colossenses 2.23).

Sem a adoração dos anjos

"E eu lancei-me aos seus pés para o adorar; mas ele disse-me: Olha não faças tal; sou teu conservo, e de teus irmãos, que têm o testemunho de Jesus. Adora a Deus; porque o testemunho de Jesus é o espírito de profecia"

Apocalipse 19.10

O aviso de Paulo: *"Ninguém vos domine a seu bel-prazer com pretexto de humildade e culto dos anjos"* (Colossenses 2.18a) certamente se estende à abolição de todos os tipos de adoração e associação com o domínio angelical. Isso se aplica especialmente àqueles que buscam sua racionalidade na alegação de que somos humildes e ímpios demais para sermos capazes de nos aproximarmos de Deus diretamente em Seu santuário, portanto, necessitamos da intercessão de santos ou anjos.

A Igreja Católica Romana tentou sugerir que, nesse versículo em particular, Paulo se opôs a uma certa adoração de anjos que veio da Pérsia e que encontrou seu caminho na jovem igreja de Colosso. Não há prova dessa origem persa, afinal. De fato, em tudo que precede esse versículo, o apóstolo não sugeriu de forma alguma uma influência estrangeira. Porém, insistentemente indicou que poucos membros da igreja que anseiam exercer o controle sobre o povo usaram os repreensíveis meios daquela "humildade" falsamente imaginada e da "adoração dos anjos" baseada nela.

Que a inclinação para a adoração de anjos não necessitava ser importada da Pérsia, é também muito claro a partir do que o apóstolo João fez: quando recebeu a revelação na ilha de Patmos, caiu aos pés do anjo duas vezes para adorá-lo. Quando algo como isso acontece — mesmo duas vezes — para um apóstolo, e então para um apóstolo tão espiritual como João, é um tanto natural, ao menos com o tempo, que a mesma tendência também possa aparecer em um fiel comum. Além disso, certas pessoas, buscando exercer controle sobre os outros, fizeram mau uso disso ao tentar ter espíritos submissos a elas. Assim, o apóstolo Paulo, conhecendo o perigo que corriam a igreja de Colosso e a de todas as eras, avisou-as para não se envolverem com a adoração dos anjos.

Da mesma forma que não aparece em palavra alguma que a adoração dos anjos, a qual é combatida aqui, foi do tipo de veneração como se eles fossem deuses; em vez disso, o oposto pode ser deduzido pelo contexto, pois o uso da palavra "humildade" claramente demonstra que essa "adoração de anjos" em Colosso foi baseada na falsa convicção de que os fiéis não tinham permissão de chegar diretamente a Cristo, mas precisavam da intercessão de santos e anjos para fazê-lo.

Quem quer que recorra a um anjo de maneira que este deva implorar e suplicar a Cristo pela pessoa, para que Ele possa interceder com Deus por ela, já indica ao fazê-lo que não adora o anjo como um deus, mas, sim, como um ser *superior* capaz de influenciar o Todo-Poderoso a conceder a Graça. A distinção dos teólogos católicos romanos entre *latreia,* significando a mais alta honra ou adoração apenas concedida a Cristo e a Deus, e *dulia,* um modo mais baixo de honraria para anjos e aqueles que se igualam a estes, não é aplicável aqui.

Também é completamente verdade que os teólogos católicos romanos protestam contra a ideia de que a adoração pertencente apenas a Deus como Criador também pode ser conferida sobre qualquer criatura. E, assim, de formas muito explícitas, eles indicam que o mais alto nível de adoração (*latreia*) apenas pertence a Deus. Contudo, eles insistem que o grau mais baixo de reverência a ser estendido aos anjos, designado como *dulia,* também é uma adoração religiosa, pois a razão motivadora ou a causa são religiosas.

Portanto, é evidente que a base dessa adoração é inerente em reverência para o próprio Deus e que requer o louvor nessas criaturas às quais Deus concedeu Graças sobrenaturais, da mesma forma que a dignidade que Ele deu a elas e o poder com o qual as dotou. O que é retratado nisso é a tentativa de compreender algo totalmente diferente na adoração dos anjos do que a honra e o respeito que prestamos àqueles acima de nós em autoridade. Portanto, referem-se a tal tributo como uma honra *civil*, enquanto o respeito demandado aqui (para anjos e santos) é de uma natureza *religiosa*.

E nisso o perigo e a motivação espreitam, inerentes à própria doutrina, para desviar ainda mais quando aplicados na prática. Afinal, os santos bem como os anjos são servos de Deus e foram dotados por Ele com poder e esplendor que honramos, não pelo bem deles, mas por Deus ter se agraciado em conceder-lhes isso. A respeito de seu serviço e habilidade, realmente não há diferença nem é verdadeiro dizer que os anjos como uma espécie de ser são de uma natureza mais alta do que humanos, uma vez que a Bíblia revela que o homem irá julgá-los, enquanto a encarnação da Palavra sempre colocou a raça humana acima da dos anjos.

Se, no entanto, alguém propor que o respeito que devemos prestar a nossas autoridades é apenas de uma natureza *civil*, mas que a honra que devemos aos anjos é *religiosa*, então é feita uma distinção de uma natureza vasta. Esse tipo de divisão irá quase inevitavelmente levar ao fato de que nós consideraríamos anjos como sendo de uma natureza superior à das criaturas terrenas.

Nessa conexão, nossos patriarcas sempre se referiam ao que é descrito em Apocalipse 19.10 e em 22.8-

9. No capítulo 19, o momento do julgamento final na visão apocalíptica é retratado. João escuta o brado da grande multidão nos Céus gritando: *"Aleluia! A salvação, e a glória, e a honra, e o poder pertencem ao Senhor nosso Deus"* (Apocalipse 19.1b). E ele vê como o querubim se prostra diante de Deus para adorá-Lo. Esse momento solene afeta João de tal forma que ele fica profundamente comovido.

E, então, quando o anjo diz para ele: *"Escreve: Bem-aventurados aqueles que são chamados à ceia das bodas do Cordeiro"* (Apocalipse 19.9a), João perde o controle de si mesmo e se sente incapaz de seguir em frente com um pedido tão forte. Como resultado, ele cai diante do anjo para adorá-lo. Porém, este não tolera isso e, em um tom repreensivo, imediatamente diz: *"Olha não faças tal; sou teu conservo, e de teus irmãos, que têm o testemunho de Jesus. Adora a Deus; porque o testemunho de Jesus é o espírito de profecia"* (Apocalipse 19.10).

No entanto, a impressão do que João viu continua a comovê-lo e a sobrecarregá-lo, de modo que, no fim de todas as visões, mais uma vez ele é incapaz de resistir à necessidade urgente de adorar o anjo. E assim lemos em Apocalipse 22.8 e 9: *"E eu, João, sou aquele que vi e ouvi estas coisas. E, havendo-as ouvido e visto, prostrei-me aos pés do anjo que mais mostrava para o adorar"* (v.8). No entanto, também agora o próprio anjo se opõe firme e inflexivelmente a essa demonstração religiosa de honra. E, como fez antes, mais uma vez diz: *"Olha, não faças tal; porque eu sou conservo teu e de teus irmãos, os profetas, e dos que guardam as palavras deste livro. Adora a Deus"* (v.9).

Devemos notar o fato de que não estamos lidando aqui com um irmão fraco, mas com ninguém menos do que o apóstolo João. Também é verdade que o vemos aqui nos anos mais ricos de sua experiência espiritual, não em uma época depressiva, mas completamente tomado pelas gloriosas visões reveladas para ele. E, no entanto, acontece precisamente em tal momento, com as emoções do homem tão fracas que ele já cai de joelhos e parece estar pronto para ser pego no pecado. E agora é um anjo quem duas vezes rejeita tal tributo e gentilmente admoesta João, alertando-o que apenas Deus deve ser adorado e que ele, como um anjo, não é um ser superior, mas um *conservo*. Ele está no mesmo nível dos profetas da antiguidade e dos fiéis que mantêm a palavra da profecia.

Portanto, um comentador não pode ficar meramente satisfeito em explicar que esse anjo protesta contra receber um tributo como se fosse Deus. Isso possivelmente não pode ser o caso. Seria absurdo imaginar, mesmo por um instante, que o apóstolo João naquele momento considerou que aquele anjo realmente era Deus, ou até mesmo alguém como Ele. Não há uma pessoa que ousaria manter tal explicação monstruosa. E, assim, o anjo não lhe responde dizendo: "Eu não sou Deus". Ele apenas sugere que não é um ser superior, uma vez que está no mesmo nível que João e que os profetas. Anjos, apóstolos e mártires são todos juntamente servos do Senhor.

Portanto, João não é sancionado aqui, pois implica uma doutrina imprópria, mas apenas porque leva completamente a uma ação prática e inadequada. Ele não pretendia adorar a Deus através do anjo, mas, quando se ajoelhou em reverência e estima diante do anjo como se diante de um ser superior, ele trouxe inadvertidamente para uma criatura o tipo de honra que pertence apenas a Deus. Portanto, temos todo o direito de usar essa repreensão do anjo para João contra toda adoração de anjos, a qual, sem acreditar que anjos são deuses, lhes oferece, todavia, esse tipo de reverência que coalesce nossa adoração ao Ser Supremo.

Nós devemos notar que o anjo não diz: "Não me adora, pois sou apenas uma criatura". Não, ele remove de João todos os pensamentos de que é superior ao apóstolo e de que, enquanto anjo, é tão elevado que deve ser honrado entre as pessoas mais do que um servo do Senhor. É para esse propósito que ele coloca tanta ênfase em ser um *conservo*, isto é, alguém que, junto a João, está envolvido no mesmo serviço. E, da mesma forma que um ministro do rei não vai em frente de outro ministro ao receber esse tributo, posto que são companheiros de trabalho e possuem uma função de mesmo nível, também o anjo deixa claro para João que tal honra vinda de um servo do Senhor para o outro não é adequada.

Para esclarecer ainda mais, adiante, ele nota que o anjo não é mais que um profeta, de fato, não mais do que qualquer filho de Deus que persevera na profecia. A dispensa de todo tributo é baseada no fato de que não há um caso sobre um ser superior, mas que anjos e humanos estão em serviço, ou seja, a serviço de Deus e, assim como servos mútuos, não devem aceitar honras especiais uns dos outros.

Isso é ainda mais pronunciado quando a repreensão do anjo é comparada com o que Pedro e João explicam em Atos 10.26 e em Atos 14.14. Pedro entra na casa do centurião Cornélio em Cesareia, e, assim que este o vê, ele cai a seus pés em reverência. Entretanto, Pedro não tolera isso. Ele diz: *"Levanta-te, que eu também sou homem"* (Atos 10.26b). E, de acordo com Atos 14, quando o povo de Listra quis oferecer sacrifícios a eles, após terem curado um homem aleijado, Paulo se apressou na multidão, gritando: *"Senhores, por que fazeis essas coisas? Nós também somos homens como vós"* (v.15a).

É memorável que duas vezes vemos aqui o contraste entre quem é Deus e quem são as pessoas. O centurião Cornélio em Cesareia e aqueles homens em Listra eram gentios e pagãos e acreditavam, como estes, que eram semideuses da mesma forma que muitos deuses que deveriam ser adorados. Contra essa falsa opinião, ambos, Pedro e Paulo, os incitam: "Não se ajoelhem para nós, pois não somos deuses, mas, sim, pessoas como vocês". Em Apocalipse 19 e 22, não há menção do contraste entre um deus e um homem, mas apenas do suposto entre uma espécie superior e inferior entre as criaturas. E, assim, João é informado de que anjos e humanos no serviço do Senhor formam um exército sagrado que juntos são conservos.

Isso chama nossa atenção para que, em todos os livros do Novo Testamento, nada é mencionado, nem na doutrina ou na prática, acerca da adoração dos anjos como visado pela Igreja Católica Romana. Certamente não pode ser explicado por que naquela época as pessoas raramente pensavam sobre esses seres. Pelo contrário, pois, especialmente durante o período em que Jesus viveu na Terra, anjos apareciam com frequência e Ele falava muito sobre estes. Porém, mesmo após Sua ascensão, lemos nos Atos dos Apóstolos mais de uma vez como anjos interviram de forma útil e conselheira entre o povo, e novamente ouvimos as pessoas falarem muito sobre esses seres. Contudo, não importa o quanto leia e estude o Novo Testamento, você não encontrará a menor prática ou recomendação da adoração de anjos.

A adoração dos anjos é realmente referenciada apenas três vezes (Colossenses 2.18, Apocalipse 19.10, 22.8) e, em todos esses momentos, não é recomendada, mas desaprovada, e exorta-se energicamente contra essa prática. Os teólogos católico certamente perceberam essa dificuldade e, por conta disso, tentaram suplementar, a partir do Antigo Testamento, o que não foi encontrado no Novo e até mesmo se voltaram para os livros apócrifos para obterem ajuda nessa causa (Tobias 12.12). Eles focaram especificamente nestes textos: Gênesis 32.26; Êxodo 23.20-21; Números 22.31; Josué 5.14 e Juízes 13.17. Nós consideraremos cada um desses de uma vez.

Gênesis 32.26. Essa é a história da luta de Jacó em Peniel. No versículo 24, lemos que, quando o nascer do sol se aproximava, *lutou com ele um homem*. No versículo 26, lemos que Jacó disse: *Não te deixarei ir se não me abençoares*. Os teólogos católicos explicam isso dizendo que, quando Jacó pediu um anjo para sua bênção, tal pedido foi prova de que honrou altamente esse ser celestial.

Nós fazemos três comentários: 1. Que não é mencionado que o homem é um anjo, pois a passagem fala apenas de *um homem*. Apenas em Oseias 12.4 há, em conexão com a luta de Jacó, referência a um anjo; 2. Jacó não adorou esse homem nem lhe deu uma honra especial, mas, sim, lutou contra ele e o forçou a abençoá-lo; 3. Mesmo se Jacó o tivesse adorado (e nada como isso é mencionado), o exemplo dele não nos uniria, mas seria tão rejeitável como o do apóstolo João em Apocalipse 19.10.

O raciocínio já é um tanto peculiar sobre o que Jacó fez a respeito do anjo ser uma regra para nós, enquanto o que o apóstolo João executou deve ser desaprovado e rejeitado. Acerca do fato inegável de que Jacó pediu *ao homem* em Peniel por uma bênção, com frequência são feitos dois comentários. O primeiro é que pedir por uma bênção nas Escrituras não é incomum, como a própria história de Jacó demonstra adequadamente, de forma que ele esperava uma bênção de seu pai Isaque. O segundo, quando é mantido que a bênção aqui possui um significado superior e mais profundo, notamos que o homem que lutou com Jacó se revela para ele como Deus, e não como um anjo. O relato declara: "[...] *lutaste com Deus* [...]" (Gênesis 32.28), após isso Jacó confessa: "[...] *tenho visto a Deus face a face* [...]" (Gênesis 32.30), e, com essa clarificação, a referência a essa passagem se torna inválida.

Êxodo 23.20-21. O Senhor diz para Israel: "*Eis que eu envio um anjo diante de ti, para que te guarde pelo caminho, e te leve ao lugar que te tenho preparado. Guarda-te diante dele, e ouve a sua voz, e não o provoques à ira; porque não perdoará a vossa rebeldia; porque o meu nome está nele*". Os católicos traduzem as palavras *"Guarda-te diante dele"* como "Honre-o"[5]. Contudo, essa tradução é inadequada e não pode ser defendida, pois o original em hebraico tem consigo a preposição *min* ("da parte de" em português), que sempre indica que alguém precisa estar de guarda pelo que pode vir *da parte* daquela pessoa contra nós. Portanto, a adoração religiosa não é sugerida aqui, afinal, não há nada citado nessa passagem que também não poderia ser dito sobre Moisés.

Apenas a última parte do versículo 21 contém o que não pode ser dito sobre um humano e também prova que a referência aqui não é a um anjo comum. Um anjo não pode perdoar pecados e também não se pode dizer sobre um ser celestial comum que o Nome do Senhor está nele. Portanto, nossos antepassados sempre explicaram esse anjo como uma cristofania, o que é uma revelação do Filho de Deus na aparência humana. Mesmo se a veneração ou adoração fosse ordenada aqui, o que não está presente, ainda assim nada poderia ser deduzido desse relato quanto à adoração dos anjos.

Números 22.31. Esse é o registro sobre como o anjo do Senhor apareceu para Balaão e como quando ele *"viu o anjo do Senhor, que estava no caminho e a sua espada desembainhada na mão; pelo que inclinou a cabeça, e prostrou-se sobre a sua face"*. Para tirar

---
[5] "Respeita a sua presença e observa a sua voz, e não lhe sejas rebelde, porque não perdoará a vossa transgressão, pois nele está o meu Nome" (Êxodo 23.21, Bíblia de Jerusalém). [N.R.]

uma conclusão disso quanto à qual é o nosso dever a respeito dos anjos, primeiro precisamos estar cientes de que nós, cristãos, iríamos, então, usar o pagão Balaão como nosso exemplo, e isso é absurdo demais.

Josué 5.13-14. Após os israelitas terem cruzado o rio Jordão, lemos que *"estando Josué perto de Jericó, levantou os seus olhos e olhou; e eis que se pôs em pé diante dele um homem que tinha na mão uma espada nua; e chegou-se Josué a ele, e disse-lhe: És tu dos nossos, ou dos nossos inimigos? E disse ele: Não, mas venho agora como príncipe do exército do Senhor. Então Josué se prostrou com o seu rosto em terra e o adorou, e disse-lhe: Que diz meu Senhor ao seu servo?"*

Os teólogos católicos afirmam que aqui também há uma clara evidência de que Josué honrou o anjo com adoração religiosa. Contra isso nós observamos primeiro que não há referência de anjos aqui. Notamos, adiante, que inicialmente Josué não mostrou ao homem reverência alguma e, além disso, que ele apenas deu seu tributo quando soube que este se revelou como *príncipe do exército do Senhor* e, dessa forma, Ele era o Cristo pré-encarnado. Portanto, admitimos que a adoração religiosa foi concedida, mas negamos que foi feita para um anjo.

Juízes 13.8-23. A história de Manoá é sobre um israelita que acreditava que um homem de Deus havia visitado sua esposa, *"não sabia Manoá que era o* *anjo do Senhor*" (v.16). No entanto, ele queria fazer um sacrifício para o homem de Deus (v.15-16). Isso fez com que o anjo dissesse: "*Se fizeres holocausto o oferecerás ao Senhor*" (v.16). E, quando Manoá soube que estava lidando com um anjo do Senhor, ele perguntou: "*Qual é o teu nome, para que, quando se cumprir a tua palavra, te honremos?*" (v.17), porém ele não sacrificou para o anjo, mas "*os ofereceu sobre uma penha ao Senhor*" (v.19). Após essa aparição, Manoá disse à sua esposa não que havia visto um anjo, mas que havia visto Deus.

Nós fazemos os seguintes comentários. Primeiro: o exemplo de Manoá não estabelece uma união precedente para nós por ele querer trazer um sacrifício para o homem de Deus. Segundo: o anjo renunciou a si mesmo por Deus. Terceiro: Manoá teve a impressão de que esse não era um anjo comum, mas que Deus apareceu ali em forma humana.

Portanto, torna-se aparente que basicamente nada dessas referências ao Antigo Testamento pode ser usado para validar ou autenticar a doutrina dos católicos a respeito dos anjos. Ademais, essas referências ao Antigo Testamento não são todas capazes de desfazer a visão de que nem Jesus nem os apóstolos sugerem de forma alguma a adoração aos anjos. A verdade é que as poucas vezes no Novo Testamento em que uma referência é feita a isso, é para desaprovar ou condenar essa prática.

ABRAHAM KUYPER

Tributo na aparição dos anjos

"Vede, não desprezeis algum destes pequeninos, porque eu vos digo que os seus anjos nos céus sempre veem a face de meu Pai que está nos céus"

Mateus 18.10

A Igreja Católica Romana ensina que, sendo os anjos mensageiros e enviados de Deus, é, portanto, inteiramente para manter seu *status* e classe que os fiéis lhes prestam o tipo de honra que leva em conta a majestade de seu Remetente. No início, estamos de acordo. Assim, quando o governador de um país grande e importante nos enviar um embaixador, nosso governo lhe prestará mais honra e estima do que faria a um representante de uma sociedade científica ou filantrópica internacional. No Oriente, eles tendem a levar isso ainda mais adiante do que as nossas nações ocidentais, de forma que até mesmo realizam uma cerimônia separada para todos os delegados.

Enquanto nas nações ocidentais essa distinção não é tão extrema e precisa, todos os tipos de questões de etiqueta e prioridade, entretanto, ainda conseguem manter a atenção, especialmente em alguns países. O resultado é que frequentemente uma distinção notável é feita entre um embaixador de classe mais ou menos importante e, embora isso não seja feito quando suas classificações são iguais, ainda ocorre quando há uma diferença.

Seria um tanto absurdo dizer que, a respeito do modo que nos devemos portar acerca dos anjos, tiramos nosso conhecimento das práticas da corte. No entanto, deve ser concordado que, subjacente a essas práticas, existem certos conceitos que não devem ser negligenciados em nosso relacionamento com os anjos. E, assim, um enviado não deve ser julgado nem estimado em termos de valor de sua própria pessoa, mas conforme a eminência do remetente, pois ele não veio por sua vontade, mas como um representante. Ele não veio suplicar sua própria causa, mas a de seu mestre.

É especialmente por esse motivo que é justo que prestemos menos atenção em suas qualidades e características pessoais e foquemos na colocação alta ou baixa de seu remetente. E é claro que a intenção não é que, portanto, devamos honrá-lo como se esse fosse o próprio remetente. Pois, então, ele não iria mais ser um enviado ou mensageiro. Apenas não acontece entre nós de um embaixador ser honrado da mesma forma que o líder ou o governador que o enviou seria. O tributo que um país estende para um rei ou outro líder que o visita é sempre muito maior do que a mais alta honraria concedida ao representante real.

Quando aplicamos isso aos anjos, nunca se segue (e a Igreja Católica Romana também não diz isso) que devamos adorar um anjo como representante do Senhor da mesma forma que louvamos o Senhor nosso Deus. Nunca devemos fazer isso. Porém, o que procede disso e o que concordamos de bom coração: quando um anjo é enviado para nós por Deus, devemos recebê-lo com uma honra proporcional à majestade de seu Remetente. No entanto, não é adequado ajoelhar diante de um anjo *para adorá-lo,* pois tal prática é devida somente a Deus.

Originalmente esse hábito de ajoelhar para adorar existia apenas com os pagãos, e eles o realizavam diante de pessoas nas quais percebiam uma santidade especial. Assim, nós lemos: *"Então o rei Nabucodonosor caiu sobre a sua face, e adorou a Daniel, e ordenou que lhe oferecessem uma oblação e perfumes suaves"* (Daniel 2.46). Anteriormente nos atentamos ao que o centurião Cornélio fez para Pedro em Cesareia (Atos 10.25). A Palavra de Deus sempre denuncia tal honra divina e tal reverência quando feita para pessoas.

Sem dúvida esses hábitos supersticiosos do mundo pagão também penetraram entre os judeus na época de Jesus. E, assim, quando lemos repetidamente que fulano e ciclano ajoelharam diante de Jesus e O adoraram, certamente não devemos imaginar que essas pessoas, desse modo, confessaram Sua divindade. Não há evidência disso e seria inexplicável. E, mesmo que com certeza houvesse alguns que fizessem isso devido ao impacto de Sua deidade, todo esse ato de se ajoelhar diante de Jesus, no entanto, deve ser em parte explicado como a consequência das práticas pagãs. Quem quer que fez isso dessa forma realmente agiu de acordo com a demanda do direito divino de Jesus, mas sem perceber. E, assim, nessa consideração, eles fizeram o mesmo que Caifás, que, também, sem estar ciente disso, realmente glorificou a obra do Mediador como o Único que teria de morrer pelo povo, para que todas as pessoas não fossem perdidas (João 11.50).

Nossa conclusão não pode ser, portanto, outra senão que devemos tratar um anjo que Deus envia a nós com o maior respeito, mas que nunca concederemos o tipo de adoração que é dada a Deus e ao Seu Cristo, posto que Ele também é Deus. Se eles desejarem designar essa honra para o anjo como *Dulia* e a adoração de Deus como *Latreia,* é agradável para nós providenciar que essa *Dulia* nunca exceda os limites do que podemos conferir a uma criatura.

Um anjo é e continua sendo uma *criatura semelhante*, e o motivo de Deus enviá-lo para nós não o habilita a receber uma adoração que ultrapasse aquela que o governo recebeu da majestade do Senhor. Tal veneração excede as restrições da criatura. O fato é que o governo, com sua autoridade, realmente se classifica acima dos anjos, pois as Escrituras se referem às autoridades governantes como "mestres" em várias passagens e ensinam que *"toda a alma esteja sujeita às potestades superiores; porque não há potestade que não venha de Deus"* (Romanos 13.1a), enquanto anjos que nunca aparecem como líderes são referidos como *"espíritos ministradores"* (Hebreus 1.14).

Mas, mesmo com isso, a questão ainda não foi decidida.

A partir do que foi apresentado, podemos concluir apenas que, se o Senhor Deus nos enviar um anjo como Seu mensageiro e ele se aproximar de nós visivelmente, devemos tratá-lo com humilde respeito. Certamente a Igreja Católica Romana não nos instruiu sobre isso, pois quem está aqui entre nós protestantes, uma vez que permanecemos leais às confissões de nossos antepassados, que não seria preenchido pelo mais profundo temor e respeito se um anjo de Deus, em forma visível, aparecesse em sua casa, ou ao lado de sua cama, ou na estrada?

Provavelmente esse temor seria tão profundo em nós, que, assim como João, facilmente estaríamos inclinados a cair de joelhos diante do anjo e apenas nossa reflexão e consideração de que estamos realmente encontrando outra criatura iria nos prevenir de lhe dar honra excessiva e inadequada. Porém, essa é agora precisamente nossa consideração, a Igreja Católica Romana fala de tal adoração não meramente no exemplo quando alguém recebesse a aparição de um anjo, mas também de forma geral. Eles o fazem até mesmo quando não temos uma aparição angelical, e assim não vemos ser celestial algum, não estamos cientes de nenhuma presença e, na melhor das hipóteses, tentamos pensar sobre um anjo. Se apenas isso fosse pretendido para aplicar a um evento no passado, quando um anjo apareceu para nós e, após isso, com certa reverência, tentamos relembrar como isso foi, poderíamos ao menos compreender melhor a questão.

Um certo impacto de tal aparição por um anjo particular iria, é claro, continuar conosco; e assim uma pessoa seria capaz, no futuro, de se lembrar do efeito. Nesse exemplo, seria concebível que nós, após essa aparição, tivéssemos sentimentos de reverência por tal anjo. É claro, em conexão com isso, há a consideração de que um anjo sempre aparece na forma de um ser humano como seu disfarce, e que sua figura humana não é sua aparência no Céu. Não é impossível nem rejeitável supor que Maria, em seus últimos anos, se lembrasse da gloriosa face do anjo Gabriel e refletisse sobre ele com reverência silenciosa.

O caso é totalmente diferente se você nunca recebeu uma visita de um anjo e, assim, nunca viu um ser como esse. E, então, todo esse conceito de um mensageiro ou enviado do Rei dos reis não é nada além de ficção. Pois, nesse caso, você nunca recebeu um anjo de forma consciente como um embaixador de seu Deus e, por conta da ausência de tal visita, nunca teve a oportunidade de conceder seu tributo e respeito a uma dessas criaturas celestiais, nem foi capaz de futuramente chamar a imagem dele em sua memória e, com surpresa, entrar novamente naquele encontro do passado.

A comparação com um embaixador de um chefe de estado terreno não possui realmente muito significado para você. Afinal, você apenas honra o representante de uma soberania terrestre quando este lhe é enviado, e não meramente em sua imaginação. É claro, pode se lembrar dele a partir de seu passado e, desse modo, refletir sobre este. E não importa o quão poderoso o líder de um grande país possa ser, ninguém nem sequer pensaria em estender honra alguma para um de seus embaixadores, ou mesmo para todos eles coletivamente, a distância. Pois o fato é que sabemos que eles estão aqui pelo propósito de representar seu país para o benefício e bem-estar dos outros locais, incluindo o nosso.

Em tal caso, o que falta é a nomeação, bem como o conhecimento e a familiarização com as atividades específicas; o que falta é toda a conexão pessoal, e, assim, toda a demonstração de honra é ausente. Mesmo se um embaixador muito importante fosse chegar em nosso país e não possuísse uma nomeação oficial, ou fosse acreditado pelo nosso governo em uma ocasião anterior, todo reconhecimento oficial seria negado ou retido.

Notamos que essa é realmente a única comparação precisa quanto ao nosso relacionamento com os anjos. Sabemos que o Senhor nosso Deus os usa e que estes O servem. Também estamos cientes de que eles são *"enviados para servir a favor daqueles que hão de herdar a salvação"* (Hebreus 1.14b). Contudo, não os vemos e não os conhecemos, e eles não são mais enviados para nós pessoalmente, de modo que somos capazes de enxergá-los. Sendo assim, particularmente para nós, eles são criaturas desconhecidas. Apenas a partir da tradição do que esses anjos disseram para algumas pessoas, do que fizeram para elas quando apareceram muitos séculos atrás e em adição de alguns anúncios de como funcionavam, somos capazes, dessa distância, de desenvolver algumas fracas ideias sobre eles. No entanto, toda concretude e contato pessoal consciente são ausentes.

Mesmo nossa imaginação não pode realmente nos ajudar, pois anjos são seres *espirituais*, e retratá-los como se fossem criaturas aladas visíveis seria algo retirado da poesia, e não representa a realidade. Portanto, toda a comparação com um embaixador de um chefe de estado terreno não se aplica. Pode ser de certa forma útil se um anjo realmente o tenha visitado. Porém, se for de outra forma, toda a aplicação cai por terra. A questão adequada não é como você deveria receber e tratar um anjo se ele aparecesse, mas como, em seus pensamentos, você deveria pensar sobre um anjo completamente desconhecido.

E agora ainda há uma objeção a ser considerada aqui. Muitas pessoas afirmam que, enquanto é verdade que não temos mais a aparição direta de anjos, ainda todas as pessoas eleitas possuem um *anjo da guarda*. Isso significa que essa pessoa tem um anjo especificamente nomeado e que é, portanto, racional que nós ao menos tratemos esse anjo em particular com certa honra e temor, concedendo-lhe o amor comum de nosso coração. Se é verdade que cada pessoa eleita possui tal anjo, consideraremos depois. Mas devemos especialmente notar que, mesmo se houver anjos da guarda, tal ser sempre continuará como uma criatura escondida para nós. O anjo da guarda também não aparece.

Se de fato ele nos protege, então o faz de forma misteriosa — como um espírito invisível que paira ao nosso redor ou toma conta de nós a distância. Portanto, se alguém propor que a doutrina dos anjos da guarda é de fato o que é encontrado na revelação das Sagradas Escrituras, então também achamos aqui a mesma objeção que nos deteve um pouco antes, porque também nesse local o desconhecido torna qualquer tributo pessoal impossível.

E nesse exemplo acreditaríamos que há tal anjo. Acreditamos, então, e aceitamos que Deus se importa conosco e nos protege na forma especial e extraordinária do nosso anjo da guarda, mas que nós não o conhecemos nem o vemos, e do nosso lado não temos nenhum contato particular com ele, afinal. Ademais, mesmo se alguém puder deduzir algo da convicção de tal anjo da guarda, isso nunca será suficiente para sustentar a teoria da Igreja Católica Romana.

O fato é que a Igreja Católica insiste que essa reverência deve ser concedida não somente ao anjo da guarda, mas a todos em geral. É claro, nas igrejas reformadas, as congregações também se dirigem aos anjos quando cantam de seus hinários as palavras de Salmos 103.20a-21b: *"Bendizei ao SENHOR, vós, seus anjos [...], vós ministros seus, que executais o seu deleite"*. Assim, eles não nos podem acusar de não nos importarmos com os anjos, ou de não os incluirmos em nossos cânticos congregacionais. Mas é algo totalmente diferente de quando recorremos aos nossos semelhantes celestiais para se juntarem a nós na adoração a Deus, quando incitamos uns aos outros e a nós mesmos de modo um tanto religioso à veneração dos próprios anjos.

Nós podemos e devemos tentar pensar sobre os anjos; devemos usar sua santidade como exemplo assim como Jesus fez na Oração do Senhor; também nos devemos considerar abençoados no conhecimento de que eles estão sendo usados para nossa salvação. Contudo, tudo isso ainda não possui nada em comum com uma adoração intencional e solene que não é direcionada a Deus, mas a Seus anjos criados.

Agora, algumas palavras sobre a questão dos anjos da guarda, especificamente. Acredita-se, de forma geral, e não apenas entre os cristãos, mas também fora do domínio daqueles que são batizados, que há tal anjo da guarda nomeado para as pessoas. Os pagãos já mantinham tais perspectivas no passado, e os muçulmanos ainda acreditam que toda pessoa é guiada por um anjo bom e um mau. Orígenes também acreditava que um anjo bom o acompanhava à sua direita e um maligno à sua esquerda. Os católicos romanos também argumentavam que tal anjo da guarda foi providenciado para nós.

E, em vez de todos os protestantes terem abandonado esse ensinamento, mesmo atualmente na Igreja Luterana essa mesma visão é mantida. De fato, há um número entre os teólogos reformados excedentes do passado que, com base nas Escrituras, consideram essa interpretação legítima. Entretanto, nossos teólogos reformados fazem a estipulação de que isso se aplica apenas aos eleitos, e não a todas as pessoas. Entre esses, apenas precisamos mencionar Girolamo Zanchi, André Rivet e Johannes Maccovius, para demonstrar que, entre nossos teólogos reformados, existem alguns importantes defensores dessa ideia.

Zanchi escreveu em sua *Dissertação sobre Anjos:* "É provável e condizente com as Sagradas Escrituras que, para cada pessoa eleita, já desde o nascimento um anjo especial seja nomeado" (página 142). Maccovius, que provavelmente é conhecido pelos leitores a respeito do Sínodo de Dordrecht, escreveu em seu *Loci Communes*: "Nós confessamos que um anjo especial é alocado para cada pessoa eleita desde seu nascimento até sua morte" (página 40-41). E Rivet, em seu *Catholicus Orthodoxus,* escreveu: "Contudo, não é contrário às Escrituras, nem improvável que Deus tenha nomeado para cada pessoa eleita desde seu nascimento até sua morte seu anjo particular, além de outros anjos que o ajudam em várias situações" (página 250). Entretanto, Gisbertus Voetius se opôs a essa opinião em sua dissertação *Sobre anjos da guarda* (página 897). Como resultado de seu escrito, muitas pessoas novamente abandonaram a crença de um anjo especial para nós.

Aqueles que continuaram a acreditar recorreram a Mateus 18.10, Atos 12.15 e Hebreus 1.14. No primeiro versículo citado, Jesus diz que nós não devemos desprezar os pequeninos, pois *"seus anjos nos céus sempre veem a face de meu Pai que está nos céus"*. Em Atos 12.15, lemos que, quando Pedro saiu da prisão, aqueles na casa de Maria não conseguiam acreditar que era ele batendo na porta. Eles disseram: *É o seu anjo*. E, em Hebreus 1.14, lemos que anjos são *"espíritos ministradores, enviados para servir a favor daqueles que hão de herdar a salvação"*.

Agora, não pode ser realmente negado que essas três citações, ao menos em certo nível, dão origem ao conceito de que o Senhor Deus não apenas nos ajuda, em geral, com Seus anjos, mas também que, para milhares de anjos que rodeiam Seu trono, Ele concede a específica tarefa de cuidar dos eleitos. Nós não condenaremos ninguém que, como Zanchi, Rivet e Maccovius, enxerga o caso dessa forma. Em si não há nada de incôngruo sobre o fato de que também no Céu há uma certa ordem de serviço e que também há uma divisão particular de trabalho. É difícil ver como em determinado momento um certo anjo é nomeado para um dos eleitos e, em outra ocasião, um outro toma o papel.

Mas nos opomos quando as pessoas acreditam que podem conclusivamente provar a existência de anjos da guarda pessoais a partir dos textos retirados das Escrituras. Esses não revelam nem ensinam isso. Quando está escrito neles que os anjos são enviados para servir aos eleitos, é muito geral e apenas declara que o Senhor nosso Deus, ao salvar Seu povo eleito, também faz uso de Seus anjos. O texto não contém nenhuma estipulação específica.

Quando Atos 12.15 relata que aqueles reunidos na casa de Maria mencionaram o *anjo* de Pedro, parece muito evidente, a partir disso, que aqueles que estavam ali, da mesma forma que seus contemporâneos, tinham uma visão de um anjo da guarda particular; mas é claro, não queriam dizer que estavam no direito disso. Se mesmo atualmente, após tantos séculos, ainda existem todos os tipos de erros na Igreja do Senhor, quanto mais deve ter sido este o caso com os primeiros cristãos, que não tinham uma confissão ou um catecismo e em cujas consciências a Verdade ainda não havia penetrado profundamente.

Na verdade, apenas em Mateus 18.10 um certo suporte pode ser encontrado para essa perspectiva. E não está tanto nas palavras em si, posto que Jesus diz *seus*[2] *anjos* (ou seja, aqueles dos pequeninos) *nos céus sempre veem a face de meu Pai que está nos céus*. E nessas palavras declara que esse grupo de "pequeninos" possui um número de anjos que especificamente se relaciona com eles; mas não diz realmente que cada um dos pequeninos possui um anjo particular para seu benefício. Se alguém imagina que uma tropa de dez mil anjos fosse encarregada do dever conjunto dos eleitos, então essa palavra de Jesus poderia igualmente ter sido aplicada, no entanto, não haveria menção de um anjo da guarda pessoal.

Mas deve ser enfatizado que, no ambiente de Jesus, essa crença em um anjo da guarda pessoal existia, que ele sabia disso e que, ao falar dessa forma, provavelmente produzia a impressão de que deveria concordar com essa ideia. Pode não ser uma prova científica, mas, ainda assim, apresenta uma certa medida de confirmação que sustenta Zanchi, Rivet e Maccovius em suas citações.

Mesmo que seja impossível trazer total certeza ao caso, o povo eleito de Deus pode saber que os anjos lhe servem para ser salvo, também que estes fazem vigia sobre suas almas e que essa guarda celestial vê a face do Pai dia e noite. Isso tem de ser o bastante para nós, especialmente uma vez que nunca sentimos nada como um relacionamento mais próximo. Devemos estar vigilantes para que essa ação dos anjos não nos leve a pensar que podemos alcançar nossa salvação eterna longe de Deus e também para que não nos leve a colocar nossa salvação em um anjo, que é apenas uma criatura.

Pós-escrito

Em resposta à primeira seção deste capítulo, recebemos uma carta amistosa de um padre católico romano da Igreja do Santíssimo Salvador que não concorda com nossa contenda de que a prática e misticismo da Dulia sobre os anjos está usualmente incorreta. Ele também se refere ao nosso entendimento de que, na visão deles, a atividade dos anjos é relacionada a uma certa objeção em chegar diretamente a Jesus. Seu protesto se encerra desta forma. "O senhor parece esquecer que o foco mais importante da adoração da Igreja Católica Romana é Jesus Cristo, e, com isso, como ponto principal de toda a adoração da igreja, a veneração dos santos também tem seu lugar. É uma comunhão mais direta e concebível com Cristo do que adorá-Lo em nosso meio, com Sua Divindade e humanidade presente, e recebê-Lo dentro de nós através da Santa Comunhão[6] como a Igreja Católica firmemente acredita?

"Mas também, em outros meios, é mais adequado para o fiel católico estar em comunhão direta com Cristo; através da oração, por exemplo, e não apenas com Ele, mas também com o Pai e o Espírito Santo. É apropriado para todo verdadeiro fiel católico, e não apenas para algumas ordens como você afirma. Repetindo: quanto mais fervorosa é nossa comunhão com Cristo, mais fervente também será nossa comunhão com os anjos e santos do Céu, que são Seus amigos e servos, e que formam a melhor parte de Seu corpo místico. Então, isso resultará no fato de que nossa submissão e nosso comprometimento com a autoridade da igreja como instituídos por Deus serão ainda mais sinceros (Hebreus 13.17)".

O fato de que não reproduzimos inteiramente seu protesto se deve ao motivo deste não ser adequado nos estudos, os quais também levantam controvérsias com aqueles que pensam de forma diferente, sempre para engajar em completa refutação. Se alguém o faz com um assunto, teria de ser feito com todos eles. E, então, tal defesa não pode continuar sem uma resposta, a qual se-

---

[6] A Santa Comunhão é conhecida como Santa Ceia ou Eucaristia, em que se crê na transubstanciação do pão e do vinho no corpo de Cristo. [N.R.]

ria seguida por uma tréplica. Desse modo, todo o capítulo logo seria preenchido com uma polêmica incidental.

Além disso, uma disputa sobre as práticas da Igreja Católica Romana é inútil se eles não usam a informação precisa. Nós estamos preparados para lidar com contradições do lado católico romano, seja envolvendo uma defesa pessoal ou uma instrução acerca das escrituras simbólicas da Igreja Católica Romana, as quais apresentamos de forma imprecisa. E não devemos fazer isso. Sempre foi nossa intenção tomar conhecimento a respeito da doutrina católica romana a partir de suas fontes oficiais, e não apenas destas.

A aparição dos anjos relacionada à revelação específica

"Aos quais foi revelado que, não para si mesmos, mas para nós, eles ministravam estas coisas que agora vos foram anunciadas por aqueles que, pelo Espírito Santo enviado do céu, vos pregaram o evangelho; para as quais coisas os anjos desejam bem atentar"
1 Pedro 1.12

Para nosso conhecimento sobre anjos, somos totalmente dependentes da Bíblia. Em nossa repartição, anjos não aparecem mais. Sabemos e acreditamos que, baseado no testemunho das Sagradas Escrituras, as ações dos anjos de Deus para nós continuam, mas elas nos impactam sem estarmos cientes disso. Por comparação, poderíamos até dizer que, a respeito dessas funções no domínio espiritual, de certo modo, é semelhante ao que ocorre com muitos dos acionamentos físicos em nosso corpo. Podemos ficar fisicamente infectados com o vírus contagioso da febre escarlatina, varíola ou o que quer que seja, sem estar cientes disso. E, no entanto, aquele vírus está em processo de desenvolvimento da doença dentro de nós, a qual provavelmente aparecerá oito ou dez dias mais tarde. Médicos chamam isso de período de incubação.

Percebemos que o ar fresco ou o ozônio, como o chamam, assim como a água mineral, age como reforço e cura nosso sistema sem que notemos diretamente. E, assim, a influência em nós fisicamente, seja para o bem ou para o mal, do que eles chamam agora de ozônio ou germes, sem que estejamos cientes disso, é um fenômeno geral. Da mesma forma, também entre aqueles que acreditam nas Sagradas Escrituras, é geralmente um consenso que ainda haja uma influência dos anjos e demônios que nos afeta mesmo hoje em dia, seja para o bem ou mal, sem que percebamos isso.

Portanto, o que afirmamos não é que ainda há alguma influência que nos afeta emanando do domínio dos anjos, mas apenas que eles não aparecem mais para nós e não falam de forma audível conosco, então não somos capazes de observá-los. Anteriormente, por outro lado, eles conseguiam ser vistos, e devemos repousar naquela observação cuja narrativa apenas a Bíblia nos providencia.

É claro que alguns irão opor-se e dizer que também recebemos todos os tipos de rumores e lendas de seres sobrenaturais dos pagãos e que, de quase todos os lugares do mundo, uma tradição chegou até nós sobre a influência de criaturas superiores sobre as vidas e destinos do povo. Contudo, não devemos de forma alguma assumir que estas abrem uma fonte de conhecimento do domínio dos anjos. Por si só, é muito natural que a memória das aparições dos anjos do Éden e da família de Noé originalmente pertençam a todas as nações e pessoas. Entretanto, o desarranjo espiritual e o medo logo levaram os países a seus meios errôneos em relação a essa lembrança, e a influência de imaginações confusas e intrigadas pode muito bem tê-los guiado para todos os tipos de boatos sobre aparições espirituais.

Prontamente admitimos que um núcleo de verdade realmente se esconde nas tradições dessas nações. Contudo, nós argumentamos que essa herança cultural não nos pode ensinar nada certo e válido acerca do domínio dos anjos, porque, nesse conhecimento, sempre seremos inteiramente dependentes do que aprendemos com a Bíblia. Essa é nossa fonte única e exclusiva de conhecimento.

Se alguém perguntar se a revelação sobre os anjos é encontrada uniformemente por toda a Bíblia, então é imediatamente claro que, nas Sagradas Escrituras, a aparição e a ação dos anjos em certo momento são poderosas e esmagadoras, e então se seguem longos períodos onde dificilmente esses seres são mencionados. E, em conexão com isso, observamos que, em um livro da Bíblia, anjos e suas atividades possuem referências muito frequentes e, em outro, não possuem nenhuma. Não há nenhum livro na Bíblia em que anjos são referenciados com mais frequência do que em

Apocalipse, enquanto que em Provérbios não há menção deles. Mesmo nos cinco livros de Moisés[7], a diferença é evidente. Em Gênesis, eles aparecem muitas vezes, enquanto que, em Êxodo e Números, apenas em algumas ocasiões e, em Levítico e Deuteronômio, não há aparição desses seres.

Portanto, não se deve imaginar que, pela Bíblia, desde o Éden até o falecimento dos apóstolos, os anjos funcionam de modo igualmente imponente e impressionante. Precisamos reconhecer mais que os anjos ocupam um espaço importante no início, na conclusão e no foco central da revelação de Deus, embora, durante os séculos que separam o começo daquele centro e este da conclusão, sua aparição seja menos frequente. O foco central de toda a revelação de Deus se trata, é claro, da vinda do Messias em carne, a chegada de Cristo a este mundo.

E agora não é surpreendente que nossa atenção seja chamada para a questão de como, particularmente nesse período de história redentora, os anjos se fazem conhecidos muito mais frequente e impressivamente. É como se, quando o Rei do Reino de Deus no Céu aparecesse na Terra, Seus anjos guardiões o acompanhassem, intensificando a Glória de Seu advento. Como nunca aconteceu no período anterior à Sua chegada,

---

[7] Também conhecidos como Pentateuco, ou seja, os livros de Gênesis, Êxodo, Levítico, Números e Deuteronômio. [N.R.]

nem era concebível na época que sucedeu aquele evento, os anjos se colocaram em primeiro plano durante todo o ciclo da estadia de Jesus na Terra.

Não apenas João Batista apareceu como arauto de Cristo para anunciar Sua chegada iminente, mas próximo a este, sim até mesmo antes dele, você vê os anjos de Deus em ação. Primeiro anunciaram a Zacarias o nascimento de João e, após isso, informaram Maria da natividade do Filho de Deus. Os anjos, com uma grande companhia da tropa celestial, apareceram para os pastores de ovelhas para dar as mais altas Glórias a Deus quanto à chegada do Emanuel nascido no berço de Belém. E novamente esses seres celestiais vigiam o pequeno Jesus quando a espada de Herodes busca *"aquele que é nascido rei dos judeus"* (Mateus 2.2).

Da mesma forma que foi com a vinda de Jesus a este mundo, quando os anjos constantemente fizeram sua presença conhecida, assim foi com Sua partida. Foram esses seres que O confortaram e sustentaram em Getsêmani. Na manhã da ressurreição, os anjos chegaram e rolaram a pedra, vigiando Sua tumba e trazendo sua mensagem celestial para a mulher angustiada. E, quando os dias de Suas aparições se tornaram passado e Ele ascendeu ao Céu, novamente os anjos de Deus responderam ao Rei do reino celestino e proclamaram a profecia do retorno de Jesus aos apóstolos.

Assim como essa performance dos anjos chama nossa atenção quando Jesus estava vindo para este mundo e também quando partiu, da mesma forma os vemos aparecendo quando chega o momento que Ele abertamente inicia Sua obra Messiânica e deve encarar Seu oponente Satanás na batalha fundamental. Também é revelado que os anjos chegaram e O serviram na tentação no deserto.

Realmente, não pode haver uma diferença de opinião de que, exatamente nesse período da revelação de Deus, a qual para nós é central e vital, e sobre a qual os relatos mais detalhados e compreensivos nos foram concedidos, ou seja, da época da vinda de Jesus e de Seu período na Terra, de que a aparição dos anjos é maior. E, se agora seguimos a partir da primeira vinda de Jesus a este mundo até o que é revelado a nós sobre Sua reunião nas nuvens do Céu, então o mesmo fenômeno nos fascina novamente.

Nós temos as palavras do próprio Jesus sobre Seu retorno nos Evangelhos e as do apóstolo Paulo em suas Cartas, além das de João em seu Apocalipse; e não importa quais dessas três partes das Escrituras consultemos, toda vez elas também mencionam que o retorno do Senhor será acompanhado pela real aparição de anjos; que a futura manifestação desses seres é esboçada mais amplamente em Apocalipse, pois a profecia do retorno do Senhor na Revelação de João é muito mais detalhada. Porém, basicamente e também a respeito dos anjos, encontramos a mesma visão em Mateus 25.31, 2 Tessalonicenses 1.7 e em toda parte, como aquela mostrada a João em vislumbres maravilhosos em Patmos.

E agora devemos voltar ao início, a partir dessa chegada e retorno de Cristo, isto é, desde *o ponto central* e a partir da *conclusão* da Palavra de Deus, então nos surpreende que também no começo das Escrituras essa aparição dos anjos seja muito mais frequente e de significância maior do que depois. Você lê sobre o querubim no Éden, sobre as múltiplas ações dos anjos na história dos patriarcas e também quando o *status* de Israel como uma nação estava sendo formalizado. Isso também continua conforme o tratado é iniciado, mas, nos séculos seguintes, quando este como nação foi estabelecido na terra do leite e do mel e a Palavra de Deus continuou a estar presente, não há evidências da manifestação dos anjos, afinal.

Assim como foi na própria vida de Jesus, com muitas aparições de anjos em seu início e fim, mas apenas algumas durante o pacato meio, aconteceu da mesma forma com Israel. No começo das Escrituras, havia um grande número de anjos; e, mais uma vez, a mesma vasta quantidade quando o fim estava próximo. Contudo, nos anos e séculos entre estes, existem poucos, de fato. Relacionado a isso está o fato de que nem em todos os livros das Sagradas Escrituras os anjos aparecem com a mesma frequência ou são explicados com a mesma ênfase. São raramente mencionados em Isaías. Em Zacarias, refere-se a esses seres muitas vezes, como também é o caso de Salmos. No entanto, em sua maioria, são mencionados com mais frequência quando o Reino de Deus se aproxima, e é especialmente notável que Jesus os mencionou diversas vezes em Seus ensinamentos. O apóstolo Paulo, a quem o Senhor chamou próximo de Damasco para proclamar o Evangelho de Seu nome, ensinou muito sobre anjos em suas Cartas.

Isso também está ligado a outro fenômeno, e é uma boa ideia focar nisso desta vez. Afinal, vale observar que, no Éden, contanto que o pecado não se infiltre e sua gloriosa perfeição continue, não há menção de anjos. Quando Jó está escrevendo sobre a criação, ele declara: *"Quando as estrelas da alva juntas alegremente cantavam, e todos os filhos de Deus jubilavam"* (Jó 38.7). A referência a *"todos os filhos de Deus"* claramente não pode ser outra coisa senão aos anjos. Porém, isso não exclui o fato de que, no relato do início, é mencionada a criação dos elementos, das vegetações e das plantas, dos pássaros e peixes e da formação do homem, mas nem uma palavra sequer é dita sobre a concepção dos anjos. Em nossa fantasia e imaginação, podemos querer ter Adão e Eva rodeados de anjos e povoando o Éden ainda inabitado com esses seres celestiais, mas a Palavra de Deus não registra isso. Lemos que animais são trazidos para Adão, mas não há nada sobre anjos.

Apenas há referência a eles quando o esplendor do Éden começa a esmaecer, quando o pecado corrompeu sua glória. Então, apenas nesse momento o querubim aparece, e essa primeira aparição não é uma das mais amistosas, mas, sim, uma manifestação tão terrível, que Adão e Eva fogem de medo. Foi como o brilho de uma espada flamejante. E, assim, o pecado do homem e o julgamento de Deus provocam a primeira aparição de um anjo. Com isso não sugerimos que as ações e serviços desses seres eram exclusivamente o resultado da distorção que aquele pecado e julgamento produziram. Isso certamente seria absurdo.

A posição dos anjos diante do trono de Deus é para toda a eternidade e nunca cessa. Todavia, o que se torna claro a partir disso é que seu serviço se tornou conhecido para nós quando o homem cometeu o pecado original. De outra forma, essa atividade dos anjos é uma função oculta, uma ação que é um mistério não observável. E, assim, apenas quando a perfeição da vida partiu e seu quebrantamento começou é que fomos capazes de observar esse serviço dos anjos, uma vez que se tornou visível de um modo incomum. Isso sempre acontece com as ações de Deus com as quais Ele anula o impacto do pecado, trazendo salvação; e, ao continuar todas as coisas, Ele as está preparando para a restauração.

Especialmente nos últimos dias, quando a batalha entre a Graça redentora de Deus e o poder destrutivo de Satanás estarão mais fortes, essa atividade visível e extraordinária dos anjos será revelada. Não é muito incisivo quando indicamos que o serviço dos anjos teria continuado despercebido e oculto sem nem sequer ter alguma forma visível se o pecado não tivesse chegado e arruinado a perfeição de nossa vida. E que, por outro lado, essa ação visível e maravilhosa aconteceu exclusivamente em conexão com a Graça salvadora de Deus e, portanto, começou apenas quando esta se iniciou. Ademais, parece mais impressionante quando aquela salvação interveio de modo mais convincente. O que notamos um tempo atrás, ou seja, que a manifestação dos anjos é mais frequente no início, no meio e no fim da era redentora, é completamente condizente com isso. Semelhante a isso é a aparição frequente de anjos quando Cristo chegou em carne.

Assim, deduzimos que a aparição dos anjos não é comum, mas excepcional, e que as pessoas estão em uma situação menos avançada quando precisam de tais manifestações, estando mais adiante quando essa necessidade é ausente. Desse modo, é completamente natural que, no Antigo Testamento, o Povo de Deus ainda precisasse dessas aparições dos anjos em determinados momentos, enquanto, por outro lado, essas aparições tenham parado na igreja do Novo Testamento.

Sem dúvida, em situações normais, os anjos também possuem um nível de comunhão conosco, e, da mesma forma, as pessoas têm isso com eles. Mas, em ocasiões comuns, essa comunhão é inteiramente de natureza espiritual e não requer recursos físicos. Também no domínio da glória haverá certamente algum tipo de comunhão entre o corpo remido de Cristo e a tropa dos anjos de Deus, mas em lugar algum há alguma indicação de que esses seres aparecerão em forma visível. Então, isso será desnecessário, pois a rica vida espiritual dos filhos de Deus naquele estado abençoado irá capacitá-los a ter um relacionamento direto com os anjos de forma espiritual.

É o mesmo com a adoração de Deus. No estado desviado — apenas olhe para os pagãos —, a pessoa tem necessidade de uma forma visível de seu deus e, portanto, faz para si um ídolo. Ela precisa vê-lo, pois, de outra forma, não consegue ter uma parceria ou comunhão com ele. Entretanto, os filhos de Deus possuem a palavra do Senhor Jesus: *"Deus é Espírito, e importa que os que o adoram o adorem em espírito e em verdade"* (João 4.24). Isso significa ter comunhão com Ele sem possuir uma imagem visível.

Lidando com nossa fraqueza, o Senhor nosso Deus, em Sua inescrutável Graça, fez o Seu Filho Amado surgir e dizer: *"Quem me vê a mim vê o Pai"* (João 14.9). No Éden havia comunhão com o Deus eterno sem Emanuel em carne, mas sem o pecado seria inimaginável que o Verbo se tornaria carne e que anjos apareceriam visivelmente.

Conforme as ordens de Deus, toda comunhão espiritual deve ser exercida espiritualmente e experienciada da mesma forma. E, quando a aparição visível se tornar necessária, será um sinal inquestionável de que as ordens de Deus foram perturbadas. Por meio de comparação, podemos ser capazes de observar isso também em nossa existência física. Que nós temos sangue em nossos corpos e que precisamos dele para viver, poderia ter continuado um mistério apesar do fato de que não conseguimos sobreviver sem essa substância. Apenas como resultado do pecado e da maldição sobre este o sangue de uma pessoa é derramado através do assassinato, ao se machucar em um acidente, em uma doença ou na dor do parto por conta do pecado; ele também se torna exteriormente visível ao tentar curar uma enfermidade ou defeito.

Ainda precisamos acrescentar uma observação final a isso. Ou seja, que, para nosso conhecimento dos anjos, como aprendemos isso na Palavra de Deus, não devemos apenas atentar-nos ao que é relatado sobre eles, mas também ao que aprendemos sobre os demônios. Certamente é memorável que nossa observação de que anjos aparecem com mais frequência no início, meio e conclusão das Escrituras se aplica da mesma forma aos seres do mundo inferior.

Os principais ataques do Diabo acontecem três vezes. Primeiro no Éden, então no deserto com o Mediador e, finalmente, no fim dos tempos quando "*o homem do pecado*" (2 Tessalonicenses 2.3) ou o Anticristo for revelado. Não há, em tempo algum, tanta menção feita a possessões demoníacas e à presença de poderes malignos como na época da primeira vinda de Jesus na Terra e depois em Seu retorno.

Como veremos adiante, nunca devemos considerar demônios ou espíritos malignos outra coisa senão anjos caídos, "*que não guardaram o seu principado, mas deixaram a sua própria habitação*" (Judas 1.6a). Jó até mesmo faz parecer como se Satanás aparecesse entre os filhos de Deus, isto é, entre os companheiros dos anjos, como um servo indisposto d'Ele, mas que ainda não consegue mover-se sem a vontade do Senhor. É a designação "anjo" que traz uma medida de confusão para esse caso, pois a palavra *anjo* foi levada a um tipo de tom santificado por nós. E, assim, soa um tanto estranho quando vemos o Diabo posicionado entre os anjos. Contudo, uma vez que a Bíblia fala deles dessa forma em 2 Pedro 2.4 e em Judas 1.6, o problema não é de importância para nós.

Uma vez que um criminoso e um filho de Deus são ambos humanos, da mesma forma demônios e serafins compartilham da natureza dos anjos. É conhecido que na psicologia os dados são reunidos com a mesma facilidade a partir da história de pessoas maldosas e da de civis pacíficos, mesmo que as primeiras tenham uma reputação e as outras sejam desconhecidas. Desse modo, não é tão estranho que os anjos caídos nos tenham providenciado todos os tipos de informação sobre a natureza dos anjos, as quais não conseguimos sobre os que não caíram, simplesmente, pois a natureza modesta de suas atividades não providenciou isso. Para o conhecimento da essência dos anjos, suas idas e vindas no mundo dos humanos, nós não devemos consultar apenas o que as Escrituras nos dizem sobre seres celestiais, mas também o que é relatado sobre os demônios e espíritos malignos. Mesmo se eles apenas fornecerem uma sombra escura, essa também é digna de atenção e significante para o conhecimento dos anjos de luz.

Sem relações pessoais com os anjos

"Faz dos seus anjos espíritos, dos seus ministros um fogo abrasador"

Salmos 104.4

Há certa verdade no comentário de Schleiermacher naquela questão de que, se existem ou não anjos, estes não possuem relação com nossas atividades, uma vez que não aparecem mais para nós. E, de sua própria maneira, Schenkel nota que anjos não tocam em nossas consciências, mesmo se existem. Contudo, contra isso foi apontada aquela reflexão sobre de fato esses seres celestiais terem uma influência edificante em nossa mente, com a qual não discordamos. No entanto, refletir sobre o Deus eterno e focar nossos pensamentos em nosso Salvador edifica mais ainda, assim, por esse motivo, não pode ser afirmado que os anjos são indispensáveis para nossa vida moral.

A base para a ideia dos dois teólogos é que anjos apenas possuem significado à medida que nossos pensamentos sobre eles têm um efeito favorável em nós. Com isso, a possibilidade de que nossa crença na existência desses seres celestiais seja baseada nisso evapora. Pois acreditar que existem anjos não tem base no que nosso coração experiencia, mas na revelação encontrada na Palavra de Deus. E o motivo para a existência deles não está no que pensamos sobre tais, nem em nossa comunhão pessoal com estes, mas muito mais e principalmente no fato de que agrada a Deus fazer uso dos anjos como Seus servos.

Todos esses casos requerem uma discussão separada. Primeiro, precisamos determinar o que nossa empatia consciente com os anjos significa e, então, precisamos realmente considerá-la. Por enquanto, ao menos ambos os assuntos precisam ser considerados exclusivamente em conexão com a questão da existência dos anjos.

A primeira questão é esta: algum significado pode ser atribuído à nossa comunhão consciente com os anjos, de modo a encontrar nisso uma razão para a existência deles? Nisso prosseguimos para a suposição de que as aparições dos anjos não acontecem em nossa vida na igreja atual. Portanto, o resultado é que, da nossa parte, nossa comunhão com eles é apenas concebível, pois pensamos neles, cantamos sobre eles, como em Salmos 103, ou porque temos uma certa ideia sobre as suas vidas.

E, portanto, deve-se concordar que o resultado da comunhão com os anjos não é grande, intenso e não domina nossa vida espiritual interior. A causa para isso é dupla. Primeiro, o fato é que nossa comunhão com os anjos é muito infrequente, até mesmo rara. Outro motivo é que essa é sempre demasiadamente variável. A primeira razão provavelmente não será contestada, ao menos não entre aqueles que seguem nossas escrituras. Existem até pessoas que dificilmente pensam sobre anjos e suas atividades e que realmente não conseguem dizer que houve uma agitação de suas almas quando pensaram em anjos.

Mesmo se concordarmos que a reflexão sobre anjos acontece com mais frequência em outros círculos, esta nunca é tão dominante de forma que sua vida moral é influenciada por ela, no entanto, há também a influência imediata e direta dos seres celestiais que procede dessa comunhão com eles. E, onde essa influência é mais forte, mais ela produz a desvantagem de que, quanto mais um fiel acredita em anjos, mais sua fé em seu Pai celestial enfraquece ou retrocede no segundo plano.

Porém, também precisamos considerar o segundo motivo da fraqueza dessa comunhão com anjos, ou seja, que nos falta toda a descrição e a concepção deles. As pessoas tentaram, ao presumir uma figura fixa para esses seres, providenciar alguma ajuda nisso, mas alguém sério sabe que tal figura é fruto de nossa imaginação, não sendo realidade. Uma aparência humana com o brilho da juventude eterna em seu rosto, cercado com algo semelhante à Glória celestial, enquanto duas asas em seus ombros sugerem uma origem sobrenatural, é certamente uma contradição com o que a Bíblia nos diz sobre os anjos. E assim concordamos que nossa prática de comunhão com esses seres não pertence aos fatores maiores e de mais influência de nossa vida moral.

No entanto, não é desejável, por conta disso, dispensar totalmente essa influência; e nós não podemos tornar isso mais tangível do que por meio da intervenção do que para nós é a honrada tradição do passado. Mesmo os heróis, santos, mártires e rebeldes dos séculos anteriores não existem mais para nós no sentido de aparecer pessoalmente. O espiritualismo pode falar sobre ter comunhão com os espíritos dos falecidos, no entanto, o que apresentam em termos do que mostram ou dizem nunca é de um caráter edificante, mas demonstra mais a natureza de uma curiosidade quase perversa.

Acerca do espiritualismo, ninguém nunca ouviu que o espírito de um líder político famoso ou que o de Guido de Bres apareceu falando ansiosamente, abrindo caminho para a geração atual e buscando motivá-la e preenchê-la com santo entusiasmo. Todos os anúncios que por fim foram publicados eram insignificantes, sem sentido, sem muita força e não tinham a qualidade de uma origem superior em qualquer aspecto. Portanto, repetimos o que já mencionamos, isto é, que não temos comunhão com a ancestralidade de nossos heróis e mártires através de aparições diretas.

Entretanto, uma pessoa experiencia muitas vezes uma necessidade disso, e o mundo da arte frequentemente conjurou para nós o que a realidade reteve. Assim, nos teatros, algumas vezes ouvimos os atores expressando trocas completas de pensamentos entre aqueles que ainda vivem e os que já se foram, mas tudo isso é e continua sendo fantasia, e não realidade. Além disso, quando é sobre ter comunhão com nossa ancestralidade, somos limitados a pensar sobre os heróis e mártires do passado. Porém, precisamos entender essa ideia em um sentido que não seja tão limitado, pois não é a intenção que toda comunhão ou companheirismo com nossa linhagem seja ausente, a menos que intencionalmente foquemos nosso pensamento deliberado neste ou naquele herói de um século passado. E isso certamente acontece.

Entretanto, com certeza temos uma comunhão muito mais efetiva com nossa ancestralidade e linhagem através da influência e persistência de uma tradição nacional, eclesiástica ou até mesmo familiar. Nossa nação está ciente de nossos ancestrais e de nosso passado. Os rumores e a glória das primeiras gerações foram transmitidos para nós e agora fazem parte de nossa história e de quem somos. Da mesma forma que uma criança tem orgulho das conquistas de seu pai e cresce com a reputação deste, então também com todas as nações há um certo orgulho em sua ancestralidade e ela continua a celebrar a fama das gerações anteriores. Todavia, isso pode se deteriorar em uma falsa egolatria patriótica, como de fato acontece com frequência. Nossa nação também poderia ecoar esses pensamentos.

Por outro lado, não se pode e não se deve negar que a memória de nossos descendentes, que as consequências de uma tradição nacional através da qual nos sentimos parte dos eventos passados, também cria uma influência positiva. É uma intervenção construtiva para o bem, que também está fracamente presente em momentos normais, mas que, em períodos precários, desperta de seu sono como o espírito nacional e agarra poderosamente uma nação. E todos os inimigos que nos podem querer atacar sabem que devem lidar não apenas com nosso exército e fortificações nacionais, mas também com nossa tradição. Em certo sentido, o passado ainda está presente com seu efeito halo. O que foi nobre e sagrado vem adiante. A fraqueza humana e tudo o que foi pecaminoso retrocede no fundo. E o resultado é que a memória de nosso passado e a prática comunitária por meio da tradição com uma ancestralidade falecida criam um zelo que nos inspira e capacita a realizar atos valiosos.

Essa é a maneira mais útil de comparar a influência que nossa comunhão com anjos pode ter em nossa vida humana. É evidente que, em ambos os casos, as aparições físicas são ausentes. Não vemos nenhum anjo da mesma forma que não enxergamos ninguém do passado aparecendo para nós. No entanto, sabemos de ambos que, no passado, esses realizaram grandes feitos: nossos antepassados nos campos de batalha, queimando na estaca e nas salas de reunião; e os anjos nas tendas dos patriarcas, com o exército de Senaqueribe[8] e com berço de Belém. Também sabemos de ambos que possuem um certo relacionamento com nossa vida atual.

No fim das contas, nos dois exemplos, não precisamos lidar com pessoas ou anjos físicos, mas, sim, com a influência dos seres celestiais e com a de nossos ancestrais, em que ambos os domínios, com um certo brilho de pureza e desígnio elevado, estão em nossa imaginação. É claro que há uma diferença — uma diferença notável, de fato. Afinal, somos capazes de ver as estátuas dos heróis de nosso passado e podemos estudar suas atividades em alguns detalhes. Além das gerações dos antepassados continuarem a viver entre nós e em alguns exemplos, nós mesmos pertencemos a elas, e a conexão com nossa ancestralidade está em nosso interior.

Com anjos, por outro lado, estamos lidando com criaturas completamente diferentes. Eles não são humanos, mas, sim, possuem a natureza angelical, e sua aparência e forma nos são totalmente desconhecidas. Eles não são como nós. E toda comunhão com esses

---

8 Alusão a 2 Reis 18.13-19.37. [N.R.]

seres é determinada pelo fato de que, assim como nós, eles são criaturas e, conosco, servos do Deus Altíssimo. Ademais, o Senhor Deus os usou e continua a usá-los para o benefício do mundo dos humanos. E não importa o quanto avaliamos essa diferença, o fato continua de que anjos formam um domínio próprio e que esse local é em comunhão com nossa vida humana. Contudo, temos a impressão de que o mundo angelical é mais santo, puro e sublime do que aquele no qual vivemos.

É inegável e certamente benéfico para nós que, assim que nos afastamos do mundo depravado e humilde que habitamos, e assim que levantamos nossos corações e mentes para uma esfera de vida superior e mais pura, é inquestionável que se concentrar no mundo angelical pode ter um impacto edificante e inspirador em nosso coração. Nosso Salvador queria conquistar a mesma coisa quando Ele ansiou elevar nossas almas no *Pai Nosso,* ao pensar na perfeição da vontade d'Ele sendo realizada no domínio dos anjos. Essa reflexão nos encoraja à santa imitação e se coloca como se fosse a oração em nossos lábios, de modo que podemos fazer Sua vontade da mesma maneira que acontece entre os anjos que rodeiam Seu trono. "*Seja feita a tua vontade, assim na terra como no céu*" (Mateus 6.10b). Por esse motivo, contra Schleiermacher e Schenkel, precisamos afirmar que eles enfraqueceram e contradisseram o *Pai Nosso* e se colocaram acima do Salvador, considerando-se mais sábios em assuntos dos Céus e de nossas almas do que Ele que foi enviado para o povo pelo Pai.

Ainda precisamos acrescentar outro tipo de comentário difícil a isso.

O domínio dos anjos, do qual falamos, é santo, uma esfera pura de espíritos ao redor do trono de Deus. Porém, como pode ser notado em nosso estudo e não deve ser esquecido, o domínio de Satanás e seus demônios também pertence ao mundo dos anjos. Uma vez que a pergunta acerca da razão suficiente para a existência dos anjos precisa ser feita, a qual já pode ser encontrada em nossa comunhão com esses seres celestiais, também nos precisamos atentar à nossa sintonia com os anjos caídos. Portanto, como a história demonstra, é notável que nosso entendimento de que, em muitas tentações e lutas espirituais, temos que lidar diretamente com espíritos malignos invisíveis é muito mais forte do que nossa perspectiva de que anjos bons nos influenciam.

Esse fenômeno psicológico explica de forma racional a tensão tão grande e temerosa na qual nossa alma é trazida por tal tentação. Então, parece que a cortina que esconde as coisas invisíveis de nós é puxada e temos que batalhar pessoalmente com os demônios malignos. No entanto, os ataques demoníacos nem sempre possuem esse caráter focado e penetrante. Pelo contrário, todos os tipos de espíritos maldosos estão presentes neste mundo e também ferem nosso coração, sem estarmos claramente cientes disso. Contudo, em algumas ocasiões, durante lutas intensas, ao menos quando se trata de tentações, é como se estivéssemos sujeitos a um ataque pessoal e direto de Satanás. E então a ação de seu maligno do domínio dos anjos possui uma natureza tão claramente discernível que o próprio pensamento de que outra criatura está nos tentando não está mais em dúvida, na medida em que estamos cientes.

O que aconteceu com Lutero em Wartburg, quando ele pensou que estava vendo o Diabo pessoalmente diante de si, não foi nada a não ser uma projeção de seus sentidos sobre o que realmente estava ocorrendo no campo espiritual. Isso está inteiramente alinhado com o que Jesus disse para Pedro: *"Para trás de mim, Satanás, que me serves de escândalo"* (Mateus 16.23), quando Pedro começou a repreendê-Lo quando o Senhor lhe disse que deveria partir para a Glória através do sofrimento. Não importa o quão estranho isso possa soar, ainda é inegável que a existência, a verdadeira realidade dos anjos, se torna muito mais certa para nós por meio do contato que temos com os demônios do que com o que possuímos com os seres de luz.

É claro que tais batalhas pessoais não aconteceram na vida de todos e, assim, não podem ser consideradas como o ocorrido espiritual normal na vida do servo de Deus. Tudo depende do caráter da pessoa, assim como do temperamento, da história e da posição na vida. E muitos morrem sem nem sequer terem experienciado tais dificuldades terríveis; e, se eles estiverem lendo Salmos 116.3, dificilmente conseguirão imaginar que o salmista não estava falando com uma imaginação extenuada. Podem muito bem dizer de que outra forma ele poderia escrever: *"Os cordéis da morte me cercaram, e angústias do inferno se apoderaram de mim"*.

Afinal, Satanás busca pelo que é mais importante, pelo que é dado mais copiosamente por Deus e por aquilo que foi proclamado como o mais difícil e doloroso. E assim o ataque pessoal do Diabo foi em Adão no Éden e em Jesus no deserto. O principal golpe não foi em Abel e Sete, mas, sim, em Adão e Eva, e não em João Batista ou Natanael, mas em Pedro.

Martinho Lutero também sofreu grandemente quando as ondas da perseguição o engolfaram por um quarto de século. Porém, mesmo nos dias atuais, aqueles do Povo de Deus que são levados nos caminhos obscuros da agonia e angústia reclamam mais sobre aqueles temerosos ataques de Satanás. E apenas eles possuem ouvidos aguçados e sensíveis para escutar e captar os sussurros e incitações que provêm do domínio maligno dos anjos caídos. Portanto, Schleiermacher e Schenkel também erraram em não se atentar o bastante para o mundo dos demônios, porque não se pode dizer do domínio maligno dos anjos caídos ou de suas tentações e aflições "que eles não irão exercer nenhuma influência nas expressões e emoções de nossa vida moral".

E agora ainda apresentamos uma breve palavra sobre uma objeção mais séria que faz nossa fé resistir muito à existência de anjos. Essa rejeição é basicamente a de que esses seres são invisíveis para nós, e, por conta de sua falta de realidade física, não sabemos como retratar sua aparência. Quando lemos sobre um homem possuído por uma legião de demônios (Marcos 5.1-20) e consideramos, então, que essa era uma figura de mais de mil seres, sabendo futuramente que Jesus os expulsou do homem e que então os demônios avançaram para um rebanho de porcos e fizeram os animais caírem no lago, isso parece muito estranho e incompreensível, uma vez que nossa imaginação não consegue penetrar nisso.

No entanto, é memorável como nas Sagradas Escrituras e especificamente na época de Jesus essa atividade de espíritos malignos é apresentada para nós de forma até mesmo realista e quase tangível. Nos primórdios, eles possuíam a prática de mostrar em Bíblias ilustradas aquelas pequenas criaturas emergindo da boca da pessoa possuída, as quais serviam para representar os demônios expulsados. É claro, essas imagens antigas nunca tiveram a intenção de sugerir que esses animaizinhos fossem demônios, mas, sim, que aquelas criaturas refletiam uma natureza menos humana dos demônios e nisso representavam visivelmente sua real existência e verdadeira partida da pessoa.

Desse modo, essas imagens não eram figuras realistas do que estava acontecendo, mas representações simbólicas disso. Portanto, esse ponto toca na questão da existência dos anjos. Eles não são fictícios, mas reais, portanto, têm de estar em algum lugar. Se não estavam de início na pessoa possessa, adentrando-a de algum local e depois a deixando, eles devem ter partido dali de uma forma ou de outra. Se anjos fossem criaturas físicas e corpóreas, seriam tangíveis e palpáveis, e seria possível capturar aquele demônio para analisar e determinar sua existência. Porém, não é dessa forma.

Um anjo e, portanto, também um demônio, como se tornará aparente no futuro, são completamente incorpóreos e imateriais. Espíritos malignos e bondosos são seres puramente místicos e, portanto, iludem totalmente a percepção de nossos sentidos. Não somos capazes de vê-los, ouvi-los, tocá-los, capturá-los ou observá-los. Isso leva muitas pessoas a dizer casualmente que eles não existem.

Nós acreditamos que a descoberta microscópica dos germes ou bactérias nos diz algo no que concerne aos anjos e demônios. Deus e apenas Ele opera em nós toda doença e enfermidade. Contudo, por muitos anos em nossa superficialidade, imaginamos que o Senhor

Deus operava essas doenças diretamente. Não sabíamos como e não conseguíamos fazer nenhuma teoria também. Para nós, doença era doença. É claro que notávamos seus sintomas e sofríamos com eles, mas a enfermidade em si, sua essência e natureza, era desconhecida para todos; ninguém a discernia, e ela permanecia do lado de fora do escopo e alcance de nossos sentidos.

Entretanto, nos dias atuais, sabemos que o Senhor Deus nem sempre opera diretamente uma doença em nós, mas, com frequência, o faz através de criaturas muito pequenas que foram classificadas entre os animais, talvez de forma muito prematura e sem distinção. O fato é que é evidente em todos os exemplos que elas existem, mesmo que a humanidade tenha existido por eras e sofrido por séculos sem saber nada sobre a existência dessas pequenas "criaturas da doença". Não sabemos de onde se originam, mas esses germes ou micróbios entram em nós. Lemos sobre as possessões demoníacas, que existem milhares de demônios que podem viver em uma pessoa ao mesmo tempo e, da mesma forma, sabemos que esses germes podem habitar nas partes ocultas de nossos corpos aos milhares e dezenas de milhares.

Dessa forma, uma certa comparação é possível. É o Senhor Deus que opera as influências particulares em nosso corpo, mas também em nossa alma. Em ambos os exemplos, as pessoas podem de início imaginar que

Deus faz isso diretamente. Contudo, com iluminação futura é evidente para o indivíduo com o discernimento de um microscópio que, com a doença, Deus muitas vezes usa aquelas criaturinhas que chamamos de germes ou micróbios. E, para a pessoa com o conhecimento da fé, é claro que o Senhor usa com frequência na esfera moral os anjos bons e maldosos.

Entretanto, um fenômeno memorável acontece muitas vezes aqui, ou seja, que os estudiosos da medicina normalmente acreditam na existência de germes, mas não na de anjos, enquanto, por outro lado, muitos fiéis aceitam a realidade dos seres celestes, mas, acerca das doenças, pouco querem ouvir sobre germes. O doutor reconhece o funcionamento do mediador ou do indireto na área física, mas considera que opera imediata e diretamente no domínio espiritual. Fiéis estão muitas vezes inclinados a aceitar um mediador trabalhando em assuntos espirituais, mas, a respeito de casos físicos, eles ainda se agarram ao funcionamento direto e imediato. No entanto, quem quer que esteja disposto a ser informado, gradualmente chega a única e verdadeira conclusão de que as ações de nosso Deus, em ambos os campos, são instrumentais, isto é, mediadoras e, portanto, ele esclareceu uma visão para a misteriosa propagação de germes e para o maravilhoso domínio dos anjos em nosso desenvolvimento espiritual e não espiritual.

A natureza dos anjos

"Porque, na verdade, ele não tomou os anjos, mas tomou a descendência de Abraão"

Hebreus 2.16

A natureza dos anjos é diferente da dos humanos, e toda tentativa de correlacionar as duas deve ser certamente descartada. Notamos o fato de que essa tentativa foi mais difundida em alguns países europeus na segunda metade do século XVIII. Para muitas pessoas naquela época, um anjo era a imagem de um indivíduo ideal e especificamente de criancinhas, não que estas eram como anjos no Céu, mas que, através de sua morte, realmente se tornaram esses seres celestes. A expressão "anjinho que se foi" fornece certa indicação de que no passado essa perspectiva sobre o que acontecia com crianças muito novas que faleceram já era amplamente aceita. Por muitos séculos já existia a prática de ver uma garotinha bela e inocente como um desses seres de luz e normalmente até mesmo se referir a ela com a palavra "anjo". Isso acontecia especialmente se a menina morresse jovem, pois, então, as pessoas iriam considerar que ela essencialmente se assemelhava a um anjo.

Futuramente essa visão foi expandida para incluir pessoas adultas que eram conectadas a nós por um amor muito especial, ou que se destacavam por sua dedicação, piedade e anseio pelo Céu. E, quando essa perspectiva ganhou proeminência, parecia normal considerar a angelização de nossa humanidade como um objetivo de nossa natureza. Eles não sabiam como de fato isso aconteceu, mas entendiam que havia uma parte animalesca ou diabólica e uma parte angelical na essência de toda pessoa. Era nosso chamado superar tudo que provinha do lado maligno, até que restasse em nós apenas o lado "celestial".

Especialmente devido à influência do cientista Dr. Feith e particularmente durante seu tempo de vida, as pessoas diziam que nós vivíamos entre os "vermes" e os "serafins", e que nosso destino panteísta era de metamorfosear com os últimos mencionados e, assim, finalmente, "sermos como Deus". De fato, o darwinismo já florescia na poesia antes de aparecer na área da medicina; apenas que nos poemas "o verme" era "o macaco". Embora possa fazer diferença no sentido moral, no entanto, no que diz respeito a manter nossa natureza humana, é a mesma coisa, seja o homem vindo de um macaco ou depois se tornando um anjo. Afinal, em ambas as perspectivas, o limite entre as duas naturezas está atenuado e, da mesma forma que no presente, em livros didáticos o assunto "ser humano" muitas vezes é tratado sob a zoologia, do mesmo modo, de acordo com o ponto de vista de Feith, deveríamos considerar um anjo como sendo um pouco mais do que um homem etéreo e de mente espiritualmente superior.

O anseio das pessoas de presumir a existência de contemporâneos também do lado de fora e além desta Terra e de seus habitantes contribuiu para isso em grande medida. Assim que erguemos nossos olhos nas alturas e vemos as estrelas no firmamento, esta Terra se torna tão pequena e insignificante em nossa estimação. E, quando a astronomia nos ensina que nosso planeta é apenas um dos astros vagantes ao redor de um único sol, e este, com seus planetas, forma apenas uma pequena parte componente de um complexo inteiro de estrelas, então nossa Terra e seus habitantes se tornam extremamente pequenos e insignificantes. Esse pensamento pode ser desafiador e inaceitável para alguns, uma vez que o homem é o elemento principal de toda a criação de Deus e nossa Terra é o centro espiritual do universo. Isso incita e compele as pessoas a pensarem também sobre as outras estrelas como inabitadas com seres vivos. E agora elas anseiam por alguma conexão, e surge a pergunta, preferivelmente com uma resposta positiva, de se aquelas outras criaturas também podem ser humanas de certa forma.

Na maioria das vezes, essas pessoas consideram esse caso de três modos, ou seja, que, quando alguém morre nesta Terra, essa pessoa é levada para uma estrela diferente, então esses astros estão sendo povoados a partir do nosso local. O segundo pensamento é de que aquelas criaturas que normalmente chamamos de "anjos" na verdade são residentes mais avançados de outros globos celestes. A terceira consideração é a de que, naquelas outras estrelas, certos seres que não eram humanos falecidos, nem anjos, mas um tipo de criatura com a mesma forma e habilidade dos humanos, haviam sido criados, porém, por conta de um desenvolvimento melhor e mais avançado, haviam se tornado mais adeptos e inteligentes. Posteriormente, essa última perspectiva se tornou a mais popular, até mesmo entre alguns cientistas.

É especialmente no planeta Marte que eles esperam que essas criaturas mais avançadas estejam vivendo. Uma vez que, a respeito desse local, eles não apenas acreditam conhecer os dados geográficos melhor do que os do nosso próprio mundo, mas realmente afirmam que estão corretos ao deduzirem a partir de feixes de luz que são vistos que essas são provas de atividade humana em Marte. Até algumas personalidades conhecidas não hesitaram em proferir a opinião de que os habitantes de Marte podem estar nos enviando sinais para sugerir a possibilidade de criar um relacionamento.

Agora, é verdade que muitas pessoas desistiram dessas fantasias exageradas, contudo, no campo científico e mesmo entre as autoridades ainda há os que insistem que Marte é habitado por algumas criaturas semelhantes aos humanos. Eles teorizam que esses seres são mais desenvolvidos do que nós que estamos em nossa Terra antiquada.

Deixamos essas perspectivas excêntricas sobre Marte para o que elas são. Nós apenas as mencionamos aqui para demonstrar quão forte e persistente é a inclinação em nós de encontrar uma genética idêntica além desta Terra. É a mesma tendência que também levou a diminuir o limite entre as pessoas e os anjos como criaturas. Por um lado, isso foi feito na poesia ao angelizar os humanos, enquanto, pelo outro, transformaram os anjos em algo semelhante a um super-homem.

Acerca desse último equívoco, mesmo nossos teólogos reformados não são totalmente inocentes, pois com mais de um deles se descobre que ensinam que os anjos, assim como os homens, foram criados à imagem de Deus. É verdade que não seguiram adiante com essa proposição e aparentemente ela foi usada apenas para o efeito de seu auditório, contudo ela realmente remove o limite entre anjos e humanos. Uma vez que é a própria essência fundamental de uma pessoa que reflete a imagem de Deus, obviamente não pode ser ensinado que essa mesma coisa é verdade acerca dos anjos, de outra forma, você envolve "homem" e "anjo" sob um único conceito emaranhado.

Esse equívoco derivou do fato que a imagem de Deus foi buscada de forma exclusiva demais em nossas qualidades morais e racionais. Parecemos partilhar essas características superiores com os anjos e, assim, despercebidos, eles chegaram à conclusão na base dessas qualidades, para atribuir o ser criado à imagem de Deus também aos anjos. Para trazer esse ponto ao esclarecimento completo, seria útil providenciar uma exposição total do que devemos compreender com a imagem de Deus, algo que está além de nosso objetivo. No entanto, vale o esforço, ao menos em um ponto, expor a imprecisão da representação contestada. E isso é possível.

Não importa quão tenuamente as linhas da imagem de Deus sejam desenhadas, no entanto, desde o princípio, essa única coisa emerge explicitamente, ou seja, que parte dessa imagem de Deus também é o domínio sobre toda criação que Ele concedeu ao homem. Muito antes de haver alguma conversa sobre a excelência moral e racional do homem, deixe apenas sua "justiça original", Gênesis 1.28-30, lidar compreensivamente com essa regra do homem sobre todas as criaturas. Aquele domínio ou lei, de acordo com Gênesis 1.26-27, no qual a imagem de Deus aparece é, se podemos dizer dessa forma, o tema principal.

Acerca do propósito da criação, o Artigo 12 da Confissão Belga declara: "[...] *Ele concedeu para toda criatura seu ser, sua forma e sua estrutura; e para cada uma, sua tarefa específica e função, para servir seu Criador. Nós acreditamos que Ele também continua a sustentá-las e governá-las de acordo com Sua eterna providência e por Seu infinito poder, para servir ao homem até o fim, para que este possa servir a seu Deus"*. Assim, tudo que foi criado possui o propósito de servir ao homem para que ele sirva a Deus, e então o vice-reinado do homem se estende sobre toda criação. Isso foi uma autoridade cujo profundo significado é refletido nas intrigantes palavras do Salvador em Marcos 11.23: *"Porque em verdade vos digo que qualquer que disser a este monte: Ergue-te e lança-te no mar, e não duvidar em seu coração, mas crer que se fará aquilo que diz, tudo o que disser lhe será feito"*. Esse poder e autoridade são tão pouco refletidos nos filhos de Deus remidos e nascidos de novo. Porém, quem quer que tenha sido conformado à imagem do Filho e também tenha começado a refletir mais claramente a imagem de Deus anseia com ansiosa expectativa para reinar com Jesus em Seu Reino e até mesmo sentar com Ele em Seu trono (Mateus 19.28).

Portanto, não pode haver a menor dúvida de que esse poder e autoridade são alguns dos atributos da imagem de Deus, os quais não são meramente acrescentados a ela, mas são parte inseparável desta. Se essa nobre honra e excelência estiverem faltando, não poderá haver possibilidade da imagem de Deus, uma vez que, antes de tudo, o próprio Senhor é o Soberano e Todo-Poderoso que governa toda a obra de Suas mãos. E você seria capaz de dizer que esses seres de luz foram criados à imagem de Deus apenas se, para os anjos, assim como para o homem, tal poder dominante fosse garantido como uma característica básica de seu ser. Entretanto, esse certamente não é o caso.

Já em Salmos 8, o oposto é claramente evidente: não para os anjos, mas para o "filho do homem" tal honra e poder são concedidos. Lemos que o Deus *"de glória e de honra o coroaste. Fazes com que ele tenha domínio sobre as obras das tuas mãos; tudo puseste debaixo de seus pés"* (Salmos 8.5b-6). Em outros aspectos, o Senhor *"pouco menor o fizeste do que os anjos"* (Salmos 8.5a), mas o homem recebeu essa honra acima do que foi dado aos anjos, ou seja, que Deus o fez governar as obras de Suas mãos. Enquanto é possível que o texto de Salmos 8 deixe alguém com dúvida de se esse contraste precisa ou não ser interpretado agudamente, a explicação apostólica de Hebreus 2.5-8 remove toda incerteza sobre isso. Pois, aqui, referindo-se a Salmos 8.7, está tão explícito e decisivo quanto é possível: *"Porque não foi aos anjos que sujeitou o mundo futuro, de que falamos"* (Hebreus 2.5). É claro a partir do que se segue, para o Filho do homem.

Os anjos não estão *acima* de nós, nem *próximos* a nós, mas *abaixo*. Afinal, eles não nos julgarão, mas nós, sim, os julgaremos, como se lê: *"Não sabeis vós que havemos de julgar os anjos?"* (1 Coríntios 6.3a). Enquanto nós, como povo, exercemos o papel maravilhoso atribuído à nossa natureza, não se diz dos anjos que estes possuem um caráter dominador, mas, sim, um caráter servil. E, assim, a pergunta é feita: *"Não são porventura todos eles espíritos ministradores, enviados para servir a favor daqueles que hão de herdar a salvação?"* (Hebreus 1.14). Isso não significa que eles realizam algum serviço específico ou fazem alguma servidão temporária como se aplica aos humanos e ao Filho do Homem, mas, como é claramente evidente a partir do contexto, a verdadeira natureza e o verdadeiro caráter de um anjo são aqueles de um espírito servil.

Dessa forma, em todo o capítulo 1 de Hebreus, em oposição aos anjos, Cristo é apresentado como o Filho do Homem, e muitas vezes é feita referência ao Antigo Testamento para mostrar que o governo e domínio pertencem a Ele, e não aos seres de luz. A realidade é que ter tal preponderância é tão natural para o Filho do Homem quanto servir é para os anjos. Em Apocalipse 1 e 2, os servos da Palavra não são chamados de "anjos", não por terem recebido domínio sobre a igreja, mas exatamente pelo oposto, uma vez que a natureza de seu ofício permite apenas um poder servil e ministrador. "Anjo da igreja" ou "Ministro da igreja" transmite exatamente a mesma coisa, e essa nomeação surpreendente de "anjo" em Apocalipse 1 e 2 não providencia a menor objeção para a pessoa que compreendeu Hebreus 1 e 2.

A ideia de que anjos são portadores da imagem de Deus da mesma forma que nós, por meio de nossa primeira criação em Adão e por nossa recriação em Cristo, deve ser rejeitada com base no que há acima. Anjos não partilham nossa natureza, como também não são nossos irmãos. E nosso conhecimento acerca desses seres celestes é apenas correto quando não imaginamos que possuímos uma certa união de natureza com eles, mas, em vez disso, quando temos um discernimento claro de que humanos e anjos são duas criaturas diferentes, cada uma pertencendo ao seu próprio domínio. Agora, Jesus disse, em Lucas 20.36, que no futuro os remidos *"não podem mais morrer, pois são como os anjos"*. Porém, aqui também esse *como* explicitamente exclui o fato de que não somos os *mesmos*. Pois Jesus chama a atenção para esse ponto de similaridade, pelo qual Ele quer dizer que especificamente entre as pessoas não haverá procriação, da mesma forma que não há entre os anjos. Lemos que eles *"nem hão de casar, nem ser dados em casamento"* (Lucas 20.35b). A partir disso, claramente nada pode ser deduzido a respeito de nossa semelhança com os anjos.

Acerca da consideração de que eles também são chamados de filhos de Deus e, dessa forma, devem portar a imagem de seu Pai, é preciso se atentar ao fato de que o Senhor Deus também é chamado de "Pai" no sentido de Criador, como na expressão: "*Pai das luzes*" (Tiago 1.17). Em Jó 1.6, os anjos são referidos como *filhos de Deus*, não como se achassem que estes foram nascidos de Deus, mas apenas para indicar que eles foram criados por Ele. Quando, em Lucas 3.38, Adão é chamado de *filho de Deus,* isso não é feito para sugerir seu nascimento espiritual, mas apenas para revelar que, sem o envolvimento paterno ou materno, Adão devia sua existência diretamente a Deus.

Com isso não se nega, é claro, que os anjos foram criados como espíritos e partilham o que pertence à vida espiritual. Concordamos com isso sinceramente, sem desejarmos ser injustos de forma alguma. Até concordamos que os anjos que não caíram, em alguns sentidos, nos superam em estatura. A única coisa é que o aspecto espiritual da natureza deles inquestionavelmente não expressa completamente o conteúdo da imagem de Deus. Há mais nela, e os anjos carecem e são escassos precisamente desse aspecto adicional. O fato é que, sendo nossa natureza humana de fato possuidora desse atributo complementar, e a dos anjos não, não se pode negar que nossas essências diferem.

Isso se tornou evidente particularmente com a encarnação do Verbo, como o autor de Hebreus enfaticamente indica quando escreve: *"Porque, na verdade, ele não tomou os anjos, mas tomou a descendência de Abraão"* (Hebreus 2.16). Esse é um contraste direto que, no contexto, certamente se refere à diferença entre a natureza dos anjos e a dos humanos. Assim, lemos no contexto precedente: *"E, visto como os filhos participam da carne e do sangue, também ele participou das mesmas coisas"* (Hebreus 2.14a). É precisamente sobre essa partilha da carne e do sangue que é explicado que Ele não ampara os anjos, uma vez que eles não possuem esses elementos, mas nós sim.

A Palavra de Deus continua: *"Por isso convinha que em tudo fosse semelhante aos irmãos"* (Hebreus 2.17a). É claro que aqueles irmãos não eram anjos, mas, sim, humanos de carne e sangue e, portanto, o oposto dos seres celestiais. O grande mistério da encarnação do Verbo, desse modo, não teria significado se um humano, tomado em um sentido superior, fosse um tipo de anjo. E a própria profundidade dessa sagrada questão apenas encontra sua base nisto: que existem criaturas de uma natureza diferente e superior a dos anjos, ou seja, que também há pessoas criadas por Deus, não com a natureza dos anjos, mas, sim, com a humana, a natureza na qual a criação de Deus alcança sua coroa e ápice.

Especialmente em vista disso, foi extremamente descuidado que a Igreja primitiva começasse a interpretar a tão conhecida história de Gênesis 6.1-5 de tal forma que "*os filhos de Deus viram que as filhas dos homens*" (v.2, KJA) foram consideradas anjos. Nossos comentaristas reformados, em sua maioria, não seguem esse erro e explicam essa revelação de tal modo que o que é ensinado aqui é que a geração de Sete se tornou parcialmente integrada aos cananeus. Porém, fora do domínio reformado, mesmo entre os líderes da ciência e os fiéis em geral, a interpretação disputada continua a ter apoiadores numerosos. Essa definição aos olhos de muitos inadvertidamente removeu o limite entre anjos e pessoas, e ainda o faz. Se fosse verdade que anjos "*tomaram para si mulheres de todas as que escolheram*" (Gênesis 6.2b) e que pudessem ter filhos com essas mulheres, necessariamente significaria que ambos, eles e suas esposas, possuem uma mesma natureza.

Mesmo que entre vários animais haja uma mescla de gêneros, de modo que, embora difiram em fatores incidentais, ainda pertencem à mesma família, por exemplo, o cavalo e o burro, é claro que é possível notar que aquela que nasceu dessa ligação irregular é a mula e, uma vez que esta é estéril, não irá reproduzir-se. No próximo capítulo, planejamos retornar a esse assunto importante; aqui é o bastante para indicar o sério perigo contido nessa explicação incorreta de Gênesis 6.1-5. Quem quer que concorde com essa interpretação, irá considerar anjos relacionados em natureza, embora diferentes em questões menores e em nível de desenvolvimento santo e maturidade, mas únicos em essência da forma vital.

Um equívoco também surgiu a respeito de 1 Coríntios 11.10, onde lemos: *"Portanto, a mulher deve ter sobre a cabeça sinal de poderio, por causa dos anjos"*. Então foi interpretado como se a mulher devesse esconder seu rosto, de forma que não aliciassem os anjos em pecados sensuais por conta de sua beleza. Então eles deixaram indeterminado se esse pecado viria de anjos bons ou maus.

Não podemos realmente adentrar no significado dessa declaração estranha aqui, mas precisamos indicar o contexto atual de que todas as interpretações que consideram o presente aqui como a sensualidade dos seres celestiais também consideram homens e anjos como criaturas que partilham da mesma vida sexual. A consideração frequentemente levantada de que as Escrituras também mencionam a união de animais e pessoas — embora esses também diferem em natureza — não é válido aqui visto que apenas a afinidade zoológica do corpo humano e animal é o assunto. Todas essas ações são atrocidades diante de Deus e sempre são inúteis e infrutíferas, algo que em Gênesis 6.4 não foi o caso. Aqueles que são mencionados ali tiveram filhos.[9]

---

[9] Alusão a Levíticos 18.23. [N.R.]